QUESTION CURIEUSE

Si M. ARNAULD *Docteur de Sorbonne est Heretique*

A Monsieur ..... Conseiller de Son Altesse l'Evêque & Prince de Liege.

Muta fiant labia dolosa', quæ loquuntur adversùs Justum iniquitatem, in superbia & in abusione Psal. 30. 21.

A COLOGNE,

Chez NICOLAS SCHOUTEN.

M. DC. LXXXX.

QUESTION CURIEUSE.

Si M. ARNAULD Docteur de Sorbonne est Heretique

A Monsieur .... Conseiller de Son Altesse l'Evêque & Prince de Liege.

EST-CE tout de bon, MONSIEUR, que l'on a fait cette Question à Monsieur le Pasteur de Saint ..... *Si M. Arnauld Docteur de Sorbonne est Heretique?* Et est-il vrai encore que ce soit Monsieur.... qui l'ait faite, & que vostre Cousin le Chanoine ait cru serieusement, que c'est un probléme qui merite d'estre examiné? Je veux croire pour l'honneur de nostre Ville que vous voulez vous divertir. S'il ne s'agit que de cela, je vous ferai une question qui vaudra bien la vostre, & qui ne luy ressemble pas mal : *Cet Arnauld, qui est à la tête des Vaudois, n'est-il point M. Arnauld*

                    nauld

nauld *Docteur de Sorbonne , qui ſe ſoit fait
Proteſtant?* Ne penſez pas rire : je vous ferai voir , quand je ſerai de retour, une Lettre
de Monſieur .... penitent , comme vous
ſçavez , du Pere ..... où il mande poſitivement à un de ſes amis , que c'eſt M. Arnauld luy-même , qu'il s'eſt enfin declaré ,
& qu'il fait merveille en Savoie à la tête des
trouppes du Parti.

Nous rions vous & moy de tout cela :
& c'eſt tout ce qu'il y auroit à faire pour
répondre à la queſtion , ſi elle ne ſe faiſoit
qu'à l'un de nous deux. Mais je voy des
gens qui la font d'un ton fort ſerieux , &
d'autres qui y répondent de même. Ce que
vous me mandez qu'à fait le P. Recteur
des Jeſuites, avec cinq Religieux Mandians,
contre ce Docteur celebre , en eſt une preuve. Je ne m'en eſtonne pas. Par tout où
la Societé aura quelque credit M. Arnauld
doit s'attendre d'y eſtre pourſuivi à feu &
à ſang. Ce n'eſt pas ce que luy promettoit,
il y a quarante-cinq ans au nom de la Compagnie , le P. Cauſſin dans ſon Apologie :
Nous nous ſommes contentez, diſoit-il, *d'écrire contre ſa doctrine : mais de pourſuivre
ſa Perſonne , c'eſt ce qui ne nous arrivera
jamais.* Mais ils ne ſont pas eſclaves de leur
parole. Elle change ſelon leurs intereſts. Et
comme ces intereſts , vrais ou faux , leur

font

font faire aujourd'huy une guerre ouverte
à celuy avec qui ils paroiſſoient autrefois
vouloir garder quelques meſures; ils em-
ploient auſſi en ces pays-cy à ce deſſein,
comme leurs bons amis, des Religieux
qu'ils perſecutent ouvertement en des païs
éloignez. Je ne ſuis donc pas ſurpris de voir
entrer dans cette ligue quelquesuns de ces
Religieux, ou qui ont intereſt & font profeſſion de ſuivre aveuglément les mouvemens de ces Peres, ou qui n'ont pas aſſez de
lumiere pour diſcerner la paſſion & le faux
zele qui les font agir, d'avec l'amour de la
verité & de l'Egliſe dont ils ſavent colorer
leurs emportemens & leurs calomnies.

Mais ce qui m'a ſurpris eſt que Monſieur
..... & Monſieur ..... qui ont aſſurément
beaucoup d'eſprit, d'honneur & de ſageſſe,
aient donné comme les autres dans ces bruits
populaires. Ceux qui n'examinent rien ont
ſujet d'eſtre effraiez de ces idées afreuſes de
ſecte, d'erreurs, de doctrine ſuſpecte, d'hereſies & de conventicules, dont on tâche de
faire peur aux ignorans & aux perſonnes credules. Mais qu'elles faſſent impreſſion ſur
l'eſprit de ce Chanoine & de cet Eſchevin,
quand on les applique ſans preuves à un
Docteur celebre dont ils eſtiment les ouvrages, c'eſt ce que je ne comprens pas.
Ils me font pitié : parce que d'un coſté,

il me feroit fort fenfible de leur voir prendre quelque part, même par leur feule appro-bation, à des emportemens fi injuftes & à des calomnies fi outrageufes, contre une per-fonne d'un fi grand merite; & que d'un autre cofté, rien ne leur feroit plus aifé que de s'eclaircir de la verité, s'ils vouloient prendre le parti de s'en inftruire par eux-mefmes, au lieu de s'en tenir au rapport de perfonnes qui leur doivent eftre fufpectes fur ce fujet, aprés qu'elles fe font fi ouvertement decla-rées contre M. Arnauld, & que de jour en jour on leur voir commettre de nouveaux excés contre fa reputation & contre fon hon-neur. Je ne defefpere pas cependant de leur voir un jour entendre raifon fur ce Chapitre, comme l'un d'eux l'a déja fait au fujet des Peres de l'Oratoire, contre lefquels il eftoit fi étrangement prévenu. Et qui, à moins d'eftre plus inftruit & plus fur fes gardes, n'auroit d'abord efté ébranlé par des accufations fi horribles, portées, tête levée, par des Religieux à un noble & illu-ftre Chapitre, & au Magiftrat d'une Ville fi confiderable? Mais enfin aprés avoir un peu approfondi les chofes vous favez comment il en eft revenu, & qu'il eft maintenant auffi plein d'eftime pour l'Oratoire, qu'il en avoit mauvaife opinion, quand il n'en avoit pris d'idée que fur le rapport de leurs enne-mis.

mis. Je croy qu'il se sçait bon gré de ne s'estre pas obstiné à demeurer ferme dans sa prevention, & d'auoir ouvert l'oreille à la justification de ces bons Prestres, maintenant qu'il voit que M. l'Archevêque de Cambray aprés une discussion exacte de tout ce que leurs ennemis ont voulu produire contr'eux, les a pleinement justifiez en les declarant entierement innocens de toutes les accusations dont ils avoient esté chargez : quoi qu'il paroisse qu'il ne les a pas voulu épargner.

Que si cet autre de nos amis n'a pas fait encore tant de chemin que le premier, il s'en faut neanmoins beaucoup qu'il soit aussi persuadé qu'il l'estoit de la verité des faits avancez par les Jesuites dans leur Memoire : & s'il semble demeurer encore comme en suspens, ce n'est que sur l'assurance que ces Peres luy ont donnée qu'ils avoient en main des preuves authentiques de tous ces faits, qu'ils les produiroient bien-tost au jour dans un jugement reglé, & qu'ils refute-roient invinciblement *la Remonstrance justi-ficative des PP. de l'Oratoire* par une Ré-ponse publique. Cependant il y a déja six mois que l'on attend cette Réponse : & quand M. l'Archevêque n'auroit pas parlé, pour l'Oratoire, l'impuissance où leurs accu-sateurs se trouvent de tenir leur parole, doit

 seule

feule convaincre le monde de la fauſſeté de tout ce qu'ils ont avancé contre l'honneur de cette pieuſe Congregation. Mais elle doit auſſi apprendre aux perſonnes trop credules à ne pas croire à l'avenir ſi aiſément des accuſations de cette nature, à moins qu'elles ne ſoient ſoutenues de bonnes preuves, & qu'on n'en mette la verité dans une entiere évidence.

Je ne croy pas noſtre ami aſſez ſimple pour attendre encore les preuves que les Jeſuites lui ont promiſes, aprés un ſi long delay : mais, entre nous, je crois qu'il eſt un peu honteux d'avoir ſi legerement ajouté foy à des gens qu'il croioit incapables de le tromper. On n'aime point à eſtre pris pour duppes, & on ne l'avoue que le plus tard qu'on peut. Cependant le meilleur parti à prendre quand on a eſté trompé une fois, c'eſt de mettre cette tromperie à profit, en ſe tenant ſi bien ſur ſes gardes qu'on ne le ſoit pas une ſeconde.

Si Monſieur ..... veut ſuivre ce conſeil pour ce qui concerne Mr. Arnauld, ſur ma parole, il ne s'en repentira pas, & il me ſçaura bon gré de l'avis que je lui donne.

Il a de l'équité, & il n'ignore pas que rien n'y eſt plus contraire que d'adjouter foy à des accuſations atroces, telles que ſont celles dont il eſt queſtion, ſur le rap-

port

port de ceux qui font ouvertement declarez contre les accufez.

Il a de l'efprit, & il fçait que rien n'eft
plus indigne d'un homme fage, que de
proftituer fa creance à des bruits vagues,
& qui ne font fondez ni fur aucunes preuves, ni même fur la vraifemblance.

Enfin il a de la confcience, & je ne fçay
comment il la peut accommoder avec une
credulité auffi contraire à la charité & à la
juftice, qu'eft celle qu'on a à l'égard d'u-
ne accufation d'herefie, répandue contre un
Prêtre & un Docteur Catholique qui eft
dans la communion de l'Eglife & du S. Siege. Car ce préjugé qu'il a pour lui eft fi
fort, qu'il fuffit feul pour mettre fa foy
à couvert de tout mauvais foupçon : n'e-
ftant pas croyable, que depuis tant d'années que fes ennemis répandent ces bruits
dans le monde, ils euffent manqué de le
deferer à l'Eglife, s'ils avoient eu de quoy
le convaincre de fentimens contraires à la
foy ; ni que les fuperieurs Ecclefiaftiques,
qui n'ont pu ignorer ce qu'on avance contre lui, l'euffent laiffé jouir de tous les avantages de la communion catholique, s'ils
avoient cru qu'il y euft quelque fondement
à des accufations fi confiderables. Pour Mr.
Arnauld, outre qu'il n'a gueres efté en
eftat ni de demander juftice, ni de l'efperer,

rer, il a cru devoir mépriſer des accuſations faites en l'air : & la ſuite a fait voir que ſes implacables accuſateurs ſe faiſoient plus de tort qu'à lui dans l'eſprit des perſonnes ſages & intelligentes , qui ont tant ſoit peu approfondi les choſes.

Que ſi noſtre ami les veut auſſi approfondir, qu'il conſidere que comme les Jeſuites ont formé contre Mr. Arnauld des accuſations d'erreur; Mr. Arnauld en a auſſi formé contre les Jeſuiſtes. Qu'il mette en parallele les accuſations differentes des uns & des autres, qu'il en peſe les preuves, qu'il en conſidere les divers ſuccés, & aprés ce-la, qu'il juge de bonne foy , laquelle des deux ſortes d'accuſations doit paroiſtre la mieux fondée, & ſi Mr. Arnauld a meri-té qu'on le regarde, ſelon l'idée qu'en don-nent par tout les Jeſuites , comme un au-teur dangereux, un heretique, un hereſiar-que, un homme proſcrit par l'Egliſe.

J'entreprens volontiers de vous aider, Monſieur, à faire connoiſtre à noſtre ami, M. Arnauld pour ce qu'il eſt; car je les ho-nore trop tous deux, pour voir celui-cy ſi mal dans l'eſprit de l'autre par un mal-en-tendu. Mais il eſt neceſſaire pour cela de parcourir les principales actions & circon-ſtances de la vie de ce Docteur, & de vous parler ſuccintement des affaires les plus con-

ſide-

siderables qu'il a eues avec les Jesuites, ou avec d'autres personnes, qui se sont trouvées dans des sentimens differents des siens ; & en mesme temps vous faire connoistre les ouvrages les plus celebres qu'il a mis au jour.

Nous pouvons partager sa vie en quatre âges differens. Le 1. depuis sa naissance jusqu'au livre de la *Frequente Communion*, qui parut en 1643. Le 2. commence à cette année, & finit à la paix de l'Eglise faite en 1668. Le 3. comprend les onze années qu'il demeura publiquement à Paris depuis 1668. jusqu'au mois de Juin de l'an 1679. Le 4. enfin depuis sa retraitte de Paris en 1679. jusqu'à la presente année 1690. J'abregerai le plus que je pourrai, & autant que la matiere le permettra.

PREMIER AGE.

Il est plus important que vous ne croiriez de commencer mon éclaircissement par les premieres années de celui dont j'ay à vous entretenir, & de parler de sa naissance, de son Pere & de la premiere action publique qui commença à le faire connoistre dans le monde ; car tout cela fait à nostre sujet ; tout sert à son histoire & à sa justification.

Mr. Antoine Arnauld vint au monde le sixié-

sixiéme de Février l'an 1612. & eut pour
Pere Mr. Antoine Arnauld si celebre dans le
barreau , & connu dans l'histoire des Jesuites par le fameux Plaidoier qu'il fit contr'eux pour l'université de Paris en 1594.
Il fut le vintiéme enfant de cet heureux Pere , dont la pluspart des enfans se sont di-
stinguez par une merite extraordinaire. Mais
par la raison que je viens de dire, M. Arnauld
nacquit avec un second peché originel, que
nul Sacrement ne peut effacer , & le crime du
Plaidoier ayant rendu le Pere Calviniste &
Ministre de l'Antechrist, dans l'esprit des Jesuites , quoi que toujours bon Catholique
& bon Chrestien par tout ailleurs, le fils ne
pouvoit manquer de naître à leur égar denfant
de colere , & d'estre Heretique & pis encore,
avant que d'estre Chrétien. Ce que je vous
dis du Pere n'est pas un conte. Voiez l'Apologie pour Jean Chastel & pour la Societé, * si
vous

Le titre du livre est tel : Apologie pour Jean
Chastel Parisien, executé à mort, & pour les Peres & Ecoliers de la Societé de Jesus bannis du
Royaume de France , contre l'Arrest du Parlement donné contr'eux à Paris le 29. Decembre
1594. divise en cinq parties. Par François de Ve-
rone Constantin. *Et au bas de la page, comme pour
attribuer à Dieu ce detestable parricide par lequel ce
miserable avoit rompu une dent au Roy d'un coup de
couteau, on ajoute ces mots:* Deus conteret dentes
eorum in ore ipsorum , molas leonum confringet
Dominus. *Psal.* 57.

vous avez ce livre deteſtable, vous y verrez pag. 205. que le nom d'Arnauld vient d'ἀρνῦμαι, qui ſignifie *renier* ou apoſtaſier, & qu'il aproche de celui de l'Antechriſt, où ſe trouve le nom de la beſte : & page 206. *Digne Miniſtre de celui auquel a eſté donnée gueule proferante grandes choſes & blaſphemes. Apocal.* 13. Voiez auſſi l'Amphitheatre d'honneur de leur P. Charles Scribani; & ce qui vaut cent témoins, voiez *l'Image du premier ſiecle de la Societé.* Vous y trouverez Mr. Arnauld appellé Calviniſte. M. du Pleix, leur bon ami, l'avoit dit ſur leur parole dans ſon Hiſtoire de France; mais il s'en eſt dédit fort honneſtement: *La verité eſt*, dit il, *qu'il ne le fut jamais. Il a laiſſé des enfans tres-vertueux & treszelez à la religion Catholique.* Du Pleix Henri 4. p. 206.

M. Arnauld eſtant né Heretique, Calviniſte, enfant de la colere des Jeſuites, que ne devoit il point eſtre dàns la ſuite ? En effet à peine eut il atteint l'âge de neuf ans, qu'il devint non ſeulement Deïſte, mais Apôtre du Deïſme, ſi on en croit ce bon ami des Jeſuiſtes le Sr. Fileau de Poitiers, dans ſon Roman diabolique de l'aſſemblée de Bourg-Fontaine, qui a eſté adopté par le Pere Meynier Jeſuite dans un livre qui a pour titre: *le Portroyal & Geneve d'intelligence*

gence contre le saint Sacrement de l'autel;
par un autre Jesuite nommé Moyse du
Bourg dans son *Histoire du Jansenisme*,
concernant sa conception, sa naissance, son
accroissement & son agonie; & par le P. Hazard Jesuite d'Anvers dans un ouvrage Fla-
mand. Ces trois Iesuites n'ont point eu
honte d'annoncer serieusement au public
une fable aussi diabolique, & en mesme
temps aussi impertinente, que cette assemblée de Bourg-Fontaine, tenue, à ce qu'ils
pretendent, en 1621. Mr. Arnauld s'y
trouva avec cinq autres qui formoient ce
Concile, & quoi qu'il n'eut que neuf ans,
il remplit sa place & y joua son personnage. Comme le dessein de cette assemblée
estoit, selon qu'ils l'assurent, de ruiner tous
les mysteres de la Religion Chrestienne,
ils furent tous partagez entre ces six personnes, & M. Arnauld pour sa part fut chargé
de détruire les deux Sacremens de la Penitence & de l'Eucharistie.

On a peine à s'empecher de rire quand
on sçait que celui à qui ils font jouer un
tel personnage étoit alors un enfant de neuf
ans. Mais en verité il y a plutost sujet de
verser des larmes sur un aveuglement si de-
plorable, & d'admirer en mesme temps la
conduite toute divine de la Providence, qui
frappe de tenebres si incroyables, & met dans
une

une telle confufion les edificateurs de la fe-
ête du Janfenifme, que cet edifice de menfon-
ge n'a pour fondement qu'une calomnie horrible qui fe ruine d'elle mefme.

Vous les voyez d'un cofté mettre le point
de la *conception & de la naiffance* du Janfenifme en l'année 1621. lors qn'au retour
d'Efpagne M. Janfenius, difent-il, paffa
par la France, & fe trouva à l'Affemblée
de Bourgfontaine avec M. Arnauld : & il
fe trouve que de ces deux principaux per-
fonnages de l'Affemblée, l'un n'avoit alors
que neuf ans, & l'autre retourne d'Efpagne avant que d'y avoir jamais efté ; n'y
ayant efté deputé par l'Univerfité de Louvain que trois ans aprés en 1624.

D'un autre cofté, le Janfenifme de M. Arnauld eft fondé particulierement fur fon *intelligence avec Geneve contre le S. Sacrement
de l'Autel,* & fur fon Livre de la *Frequente
Communion,* qui eft felon leur hiftoire,
l'execution du projet de Bourgfontaine.
Mais un moment de patience, Monfieur,
& vous verrez toute la France, & j'ofe dire
prefque toute l'Eglife, regarder le Livre de
la *Frequente Communion,* & celuy de la
Perpetuité de la Foy fur l'Euchariftie, comme deux des plus excellens Ouvrages de ce
fiecle; & M. Arnauld, comme un des plus
illuftres Defenfeurs de la Verité de l'Euchariftie

chariftie, contre les blafphémes des Sacramentaires ; & de la Sainteté de ce Myftere,
contre les abus & la profanation des mauvais Catholiques.

En attendant que je vous le prouve en
fon lieu, je croy qu'il eft bon de vous dire
ici par avance, que les ennemis de M. Arnauld, & les Jefuites mefmes les plus outrez,
dans le tems qu'ils l'accufent *d'eftre prefque*
par tout d'accord auec les Calviniftes, fe croient
obligez, pour ne pas paroiftre en mefme
tems fous & Calomniateurs, d'ajouter
cette exception : *horfmis ce qui touche l'Eu-*
chariftie ; Que Meffieurs de S. Sulpice écri-
vant contre luy en 1655. ont reconnu en
parlant du livre de la FrequenteCommunion
qu'il y avoit foutenu avec grande raifon,
comme plufieurs grands Docteurs l'ont enfei-
gné & foutenu avant luy, la doctrine de ce
Livre touchant le delai de l'Abfolution à
l'égard des pecheurs, qui font dans l'habitude ou dans les occafions prochaines du
peché : & qu'un Savoiart, foy difant Docteur de Sorbonne, dans fes prétendus *Pre-*
jugez legitimes contre les Janfeniftes, écrivoit il n'y a que quatre ans, *Que c'est en*
juger à l'aveugle que de les regarder com-
me des monftres d'impieté, qui auroient vou-
lu renverfer les Sacremens de l'Euchariftie
& de la Penitence.

Laif-

Laiſſons là pour quelque tems les Adverſaires de M. Arnauld, & ſuivons le en Sorbonne où il étudia en Theologie, aprés avoir fait ſes autres études dans un College de l'Univerſité de Paris, que l'on nommoit le College de Calvi, & qui ne ſubſiſte plus; les nouveaux édifices de Sorbonne aiant eſté élevez ſur ſes ruines.

Il étudia le Traité de la grace ſous Mr. l'Eſcot Docteur & Profeſſeur de Sorbonne, qui fût depuis Eveſque de Chartres, mais aprés avoir eſté Confeſſeur du Cardinal de Richelieu. Ce Profeſſeur avoit une aſſez grande netteté d'eſprit qui le faiſoit plus écouter que les autres; mais ſes Ecrits faiſoient voir, qu'il n'avoit point étudié la Theologie dans les ſources, & que pour former ſes ſentimens ſur la grace il avoit plus lû Vaſquez, qui eſtoit ſon Livre, que les anciens Peres & les Conciles, qui ſont les canaux de la Tradition Divine.

M. Arnauld, qui avoit peine à accorder ce que ce Profeſſeur enſeignoit avec ce que luy-meme en avoit lû dans l'Ecriture, & ſur tout dans S. Paul, en voulut chercher ailleurs l'éclairciſſement : & il crut qu'eſtant queſtion des Veritez de la grace de JESUS-CHRIST, dont S. Auguſtin eſt communement appellé le Docteur, c'eſtoit dans ſes Ouvrages qu'il trouveroit dequoy

 ſe

ſe ſatisfaire ſur cette matiere, & qu’il y ap-
prendroit la doctrine de l’Egliſe. Il lut donc
S. Auguſtin, & autant qu’il y trouva de
difference entre ſes ſentimens & ceux de
M. l’Eſcot, autant fut il charmé de la ſo-
lidité de la doctrine de ce ſaint Docteur, de
l’enchainement admirable de ſes principes,
& de la conformité parfaite de ſon Syſteme
dans toutes ſes parties avec les veritez du
grand Apôtre.

C’eſt donc dans S. Auguſtin qu’il a pris
tout ce qu’il a jamais eu de ſentimens ſur la
grace & ſur la predeſtination, & c’eſt avec
grande juſtice qu’il a toûjours fait gloire
de ſe dire le Diſciple de ce grand Docteur.
Ceux qui par une calomnie auſſi folle qu’elle eſt horrible, n’ont pas rougi de dire dans
des livres imprimez qu’il les avoit pris dans
Calvin, auſſi bien que dans Janſenius, ont
aſſurément mal rencontré: puis qu’alors il
n’avoit jamais lû Calvin, & qu’il ne ſçavoit ſeulement pas que Janſenius travaillât
ſur la grace: ſon Livre n’aiant paru que ſix
ou ſept ans aprés. A peine ſçavoit il qu’il y
eut un M. Janſenius au monde, & il ne
l’apprit que par M. l’Eſcot, qui s’eſtant allé
promener en Flandres durant les vacances
avec quelques-uns de ſes amis, & racon-
tant aprés ſon retour ce qu’il y avoit vû de
plus conſiderable, parloit avec éloge d’un
Do-

Docteur & Professeur de Louvain nommé Janfenius, comme d'un fort honnefte homme & fort fçavant Theologien.

La lecture de S. Auguftin, que M. Arnauld faifoit alors avec un fort grand gout, remplit fon efprit des grands principes de la doctrine de ce Pere, & fervit merveilleufement à le diftinguer dans les difputes familiaires, qui fe font dans l'Ecole pour exercer les Etudians. Car il tiroit de la doctrine de S. Auguftin & de fes principes des objections fi fortes & les pouffoit fi vivement, que quelquefois le Profeffeur eftoit à bout.

Cela ne fervit pas peu à refroidir à fon égard M. l'Efcot, qui jufques-là luy avoit témoigné beaucoup d'amitié. Mais il fe trouva bien plus fenfiblement picqué contre luy, lors qu'il fe vit entierement abandonné de fon Ecolier dans la Tentative que celui-ci foutint pour prendre le degré de Bachelier. Car ce jeune Theologien aiant pris pour matiere de fa Thefe celle de la grace, il y foutint non les fentimens de fon Profeffeur, mais la doctrine de S. Auguftin, qu'il s'eftoit rendu fort familiere par la feule lecture de fes ouvrages & fans le fecours de perfonne.

Il faut bien vous fouvenir, Monfieur, de cette circonftance, & du chagrin que caufa cette préference à M. l'Efcot, qui la

prit

prit pour un affront & une insulte. *Inde iræ.*
C'est delà qu'est venue toute la mauvaise
volonté que ce Docteur a toûjours depuis
témoignée contre luy, jusques là qu'aiant
empeché par l'autorité du Cardinal de Richelieu qu'il confessoit, que M. Arnauld
ne put estre reçu de la Societé de Sorbonne,
& ne l'aiant pu empecher aprés la mort &
ce Cardinal, il s'en dedommagea dans la
suite en le faisant exclure & de la Maison de
Sorbonne & de la Faculté, par la Censure
de 1656. dont il fut le promoteur avec M.
le Moine, successeur de sa Chaire & de ses
sentimens. Il n'avoit point appris au Cardinal son Penitent à pardonner, & il avoit
appris de son Penitent à ne pardonner pas.

La These dont nous parlons subsiste encore, & on y peut voir le Systeme de ce saint
Docteur fidelement exposé, & sur tout la
distinction des deux graces; l'une pour
l'homme innocent & avant la chute d'Adam;
l'autre necessaire à la nature dechue & corrompuë par le peché pour estre reparée par
JESUS-CHRIST. Ensuitte de cela il soutenoit la difference de la predestination des
Anges & de l'homme innocent, d'avec celle des hommes aprés le peché; la fausseté des
vertus des payens; l'explication de S. Augustin touchant la mort de JESUS-CHRIST
pour tous les hommes; & rejettoit bien
loin

loin la fable de l'herefie predeftinatienne que de nouveaux Theologiens avoient bonnement reçue fur la foy de quelques anciens, quoique ce ne foit, comme il le foutenoit, qu'une calomnie dont les Demi-pelagiens fe fervoient pour rendre odieufe la doctrine de S. Auguftin & de fes difciples.

Cette Thefe fut imprimée dés l'an 1635. mais une maladie, dont l'Auteur penfa mourir, luy eftant furvenue, il ne la put foutenir qu'au commencement de l'année 1636. Comme elle eftoit dediée au Clergé de France, qui tenoit alors fon Affemblée generale à Paris, un grand nombre d'Evêques & d'autres Deputez honora cet acte de fa prefence, & loin que perfonne trouvât rien à redire à la doctrine de la Thefe, qui avoit paffé par tous les examens & toutes les revifions ordinaires, tout le monde y applaudit, & le foutenant y reçut une approbation generale.

Ainfi M. Arnauld n'aiant point maintenant d'autres fentimens que ceux qu'il avoit alors, & qu'il avoit puifez dans leur fource, c'eft à dire dans S. Auguftin, avant que le Livre de M. d'Ypres eut paru, de tous ceux à qui on a donné depuis cinquante ans le nom de Janfeniftes, il eft affurément celui qui le merite moins, n'aiant point pris fes fentimens dans cet Auteur, & les aiant fou-

B 3

tenus

tenus publiquement en presence des Evêques quatre ou cinq ans avant que le Livre
de ce Prelat fut publié.

SECOND AGE.

Le second âge, ou second tems, comprend
les plus grandes affaires qui sont arrivées à
nostre Docteur, & qui ont eu de plus grandes suites, & pour l'Eglise, & pour luy-
mesme ; mais en des manieres bien differentes. Je les reduirai à trois dont la 1. fut celle de la *Frequente Communion* ; la 2. l'affaire de la *Censure* de Sorbonne ; & la 3. celle
de la *Morale*, ou de la condamnation des Casuistes relâchez. Et nous verrons qu'elles
ont eu entr'elles cette liaison, que la seconde prit en quelque façon naissance de la premiere ; & la troisiéme de la seconde.

C'est de ces deux premieres affaires que ses
ennemis prennent occasion & croient avoir
droit de l'appeller heretique. Car c'est ainsi
que s'en est expliqué encore depuis quelques
mois le plus envenimé de ses adversaires.
,, On auroit pu , dit-il, en particulier ap-
,, peller heretique M. Arnauld , sans que
,, M. Arnauld y eut pu trouver à redire. Car
,, enfin tout le monde sçait qu'il est l'auteur
,, de la proposition *des deux chefs qui n'en
,, font qu'un* , que le S. Siege a declarée heretique ;

„ retique ; & que depuis la condamnation
„ des cinq propofitions il a foutenu la pre-
„ miere comme *une grande verité établie par*
„ *l'Evangile & atteftée par les Peres*.... C'eft
„ pour cette derniere propofition qu'il a efté
„ retranché du corps de la Sorbonne, aprés
„ s'eftre feparé luy-même du Chef de l'E-
„ glife.

On ne peut rien trouver de plus outré que
ce difcours : & neanmoins on peut dire qu'il
fuffit feul pour la juftification de M. Arnauld
contre toutes les accufations des Jefuites. Car
puis qu'avec toute leur malignité ils n'ont pu
trouver que ces deux reproches qu'ils pûf-
fent faire avec quelque couleur contre la pureté de fa foy ; fi on fait voir qu'ils ne font
qu'une pure calomnie de l'invention des
Jefuites, la foy de M. Arnauld fera pleinement juftifiée, & les accufations d'herefie,
dont ils le chargent depuis prés d'un demi-
fiecle, s'en iront en fumée.

Premiere affaire.

LE LIVRE DE LA
FREQUENTE COMMUNION.

NOstre ami apprenant que ce Livre eft
la refutation de l'Ecrit d'un Jefuite,
fe pourroit mettre dans l'efprit, que par quel-

que mauvaiſe diſpoſition envers cette Compagnie on s'eſtoit porté de gaieté de cœur à l'attaquer. C'eſt pourquoi il eſt neceſſaire de luy faire entendre que ce Jeſuite eſtoit l'aggreſſeur, & que le Livre de M. Arnauld eſt proprement une Replique. En voici l'occaſion.

Le P. de Seſmaiſons (car c'eſt ainſi que ce Jeſuite ſe nommoit) aiant vu par le moien d'une de ſes penitentes une inſtruction que M. l'Abbé de S. Cyran avoit dreſſée pour la dirction de Mad.ᵉ la Princeſſe de Guimené qui ſe conduiſoit par ſes avis, y crut trouver des maximes dangereuſes, & entreprit auſſi-toſt de la refuter.

Cette refutation eſtant tombée entre les mains de M. Arnauld, il y trouva tant de choſes contraires à la doctrine des SS. Peres & à la Tradition de l'Egliſe, & en même temps ſi pernicieuſes au ſalut des ames, qu'il ſe crut obligé d'y répondre, pour ne pas laiſſer triompher l'erreur de la verité : à quoy il fut auſſi porté par les inſtances de ſes amis, & par la liaiſon etroite qui eſtoit entre luy & M. de S. Cyran. Voilà l'origine du Livre qui a fait tant de bruit dans l'Egliſe.

Si on en juge par les declamations furieuſes que les Jeſuites firent retentir & à Rôme & dans toute l'Egliſe contre ce Livre, & par toutes les cabales qu'ils y formerent pour le

decrier

decrier & pour en obtenir la condamnation, jamais il n'y eut au monde un plus mechant livre, ni plus pernicieux au falut des ames. Mais fi on en juge par le fentiment des plus fçavans Docteurs, des plus grands Evêques de l'Eglife, & même du S. Siege Apoftolique : fi on en juge par le mauvais fuccés qu'eurent toutes les intrigues & tous les efforts des Jefuites contre ce livre ; par le bien infini qu'il a produit dans l'Eglife ; par l'ufage que l'on fait par tout aujourd'huy des maximes & des regles falutaires qui y font établies ; on peut s'affurer que c'eft un des plus excellens Livres, des plus utiles, des plus neceffaires qui fe foient faits depuis plufieurs fiecles, pour l'inftruction des miniftres de l'Eglife.

Que fi les Jefuites en ont porté un jugement fi contraire, qui s'en étonnera quand il faura que ce Livre eft, comme j'ay dit, la refutation de l'Ecrit d'un Jefuite, où ce Pere fuivant les maximes & la conduite de fa Compagnie établiffoit pour l'ufage des Sacremens de la Penitence & de l'Euchariftie des regles tres-prejudiciables au bien des fideles, & combattoit celles que la Tradition & les SS. Peres de l'Eglife, aprés le grand Apôtre, nous ont laiffées comme un depoft precieux & inviolable.

Comme ce font ces dernieres que M. Arnauld

nauld défend dans son Livre, il ne faut pas s'estonner qu'il ait merité les approbations & les éloges de tout ce qu'il y avoit alors de plus grands Evêques dans l'Eglise de France & de plus savans Docteurs dans la Faculté de Theologie de Paris. Seize Archevèques ou Evêques & vint-quatre Docteurs luy donnerent d'abord les approbations que l'on voit à la tête du Livre. On ne peut rien dire de plus avantageux pour cet ouvrage.

L'année suivante, c'est à dire, depuis que les Jesuites eurent excité cette horrible tempeste qui pensa ruiner l'ouvrage & accabler l'Auteur, aprés tant d'Ecrits furieux, & tant d'efforts de toutes sortes, que cette formidable Compagnie emploia pour décrier l'un & l'autre, les mesmes Archevêques & Evêques écrivirent au Pape Urbain VIII. cette belle Lettre qui est à la fin du mesme Livre, où ils défendent hautement M. Arnauld & son ouvrage contre *la violence* (des Jesuites) *& leurs entreprises peu dignes de l'esprit du Christianisme* (ce sont les paroles de ces Prelats) *& qui ont paru particulierement, lors que ce Livre a esté mis en lumiere. Car n'aiant pu supporter avec patience que l'Ecrit d'un d'entr'eux fut refuté en ce Livre, par des témoignages des saints Peres tres-clairs & tres-convaincans,*

ils

*ils ont commencé à rechercher toutes sortes de
moiens pour pouvoir ruiner l'autorité de noftre jugement, décrier cette doctrine, & rendre odieux l'Auteur qui l'avoit écrite, ou
plûtoft, qui avoit tranfcrit la Tradition de
l'Eglife que les Peres nous ont laiffée.*

 Aprés la mort du Pape Urbain les mêmes
Archevêques & Evêques écrivirent à fon
Succeffeur le Pape Innocent X. deux autres
Lettres fur le mefme fujet, qui font les Apologies les plus honorables que M. Arnauld
auroit pu defirer pour la juftification de fa
doctrine & pour la défenfe de fon Livre &
de fa perfonne. On les peut voir à la fin du
Livre mefme.

 Toute la Province d'Auch fe joignit à
ces feize Archevêques & Evêques, dans
fon Affemblée provinciale de 1645. compofée du Metropolitain, de dix Evêques
fes fuffragans & de quantité d'Ecclefiaftiques du fecond ordre, *par une generale &
uniforme approbation de la fainte doctrine de
ce même Livre : & elle ne fe contenta pas de
l'eftimer & la louer comme tres-falutaire &
tres-utile dans le dernier Synode qu'elle a tenu, mais declare qu'elle devoit eftre embraf-
fée par les Pafteurs & prêchée au peuple.*
C'eft le témoignage qu'en rendent au Pape
Innocent les Evêques dans leur dernier Lettre, & ce qu'en atteftent trois Evêques de

cette

cette Province, qui donnerent encore une approbation particuliere à ce Livre, à cause de l'estime extraordinaire qu'ils avoient pour cet ouvrage & pour l'auteur.

Il seroit presque inutile de remarquer ce que tous ces Illustres Approbateurs disent de plus avantageux pour l'un & pour l'autre; parce que nostre ami peut voir ces eloges à la tête du Livre. Neanmoins comme il peut ne l'avoir pas, & qu'on luy en a peut-estre donné une grande horreur, je puis l'assurer que jamais Livre n'a reçu des eloges ni plus éclattans, ni qui paroissent plus sinceres, & il peut s'en convaincre par ces echantillons.

M. DE BELLEGARDE Archevéque de „ Sens, aprés l'avoir lu fort exactement „ & avec beaucoup d'edification & de sa- „ tisfaction dit, qu'il fait voir si doctement, „ si puissamment & si clairement l'abus qui „ se commet d'ordinaire dans les deux Sacre- „ mens de la Penitence & de l'Eucharistie, „ qu'il ne peut estre que d'une tres-grande „ utilité, & qu'il souhaiteroit que tout le „ monde le pût lire & le voulût pratiquer.

M. DE MONCHAL Archevéque de Tou- „ louze l'estime tres-utile pour le bien des „ ames & pour la gloire de Dieu.

M. DE SOURDIS Archevéque de Bor- „ deaux, assure que les plus grandes &
„ les

„les plus importantes veritez de noftre Reli-
„gion touchant l'ancienne conduite des
„ames & la direction des confciences dans
„l'ufage des facrez myfteres, y font claire-
„ment expliquées, & fi fortement établies
„par les oracles de l'Ecriture, les Decrets
„des Conciles, & les fentimens des faints
„Peres & Docteurs, qu'il n'a pu ne le pas
„juger tres-utile & tres-neceffaire pour le
„bien de l'Eglife.

M. Boutillier Archevêque de Tours
„aprés l'avoir lu avec une fatisfaction ex-
„traordinaire dit, que perfonne ne peut dou-
„ter que tous les Catholiques ne doivent
„embraffer cette doctrine, &c.

M. de Caumartin Evêque d'Amiens,
„Que tout y eft folide & fondé fur l'au-
„torité des Conciles & des Peres, & qu'il fe-
„roit à fouhaiter qu'il fût dans les mains
„d'un chacun.

M. de Salette Evêque de Lafcar:
„Que ce Livre traite fi dignement de l'u-
„fage des Sacremens de la Penitence & de
„l'Euchariftie, qu'il n'a pu luy donner fon
„Approbation fans donner à l'Auteur fon
„eloge. Il deduit, dit-il, avec tant de lu-
„mieré & de grace la doctrine des Peres &
„des Conciles touchant la pratique des fa-
„tisfactions & de la fainte Communion,
„qu'il paroift que le mefme Efprit qui ani-

„me

,, me l'Eglise, a conduit sa plume. Il ne
,, condamne pas la frequence de la Com-
,, munion ; mais il exhorte d'y apporter
,, pour dispositions les fruits d'une raison-
,, nable penitence.

M. PUGET Evesque de Marseille: " Qu'il
,, contient une doctrine si orthodoxe & si
,, solide des Sacremens de Penitence & d'Eu-
,, charistie, qu'il le juge tres-digne d'estre
,, donné au public.

M. BOUTAULT Evesque d'Aire, " Qu'il
,, contient une interpretation si expresse &
,, si necessaire de ce precepte du grand saint
.,, Paul: *Probet autem se ipsum homo*, &c.
,, qu'il semble que ce divin Apôtre l'ait
,, suscité dans ces tems pour remedier au
,, mauvais usage de l'adorable Sacrement de
,, l'Autel, comme dans les siens il y re-
,, media par sa sainte parole. Et partant,
,, ajoûte-t'il, non seulement nous approu-
,, vons, louons, & estimons ledit Livre;
,, mais aussi nous exhortons tous fideles
,, Chrestiens à le recevoir & à le lire comme
,, un don tres-particulier de la Providence
,, de ce grand Pere de Famille, qui sçait luy
,, donner en temps & lieu ce qui luy est ne-
.,, cessaire.

M. MEURICE Evêque de Madaure Suf-
,, fragant de Mets, outre un fort bel eloge,
,, assure que cet ouvrage approche des belles

pro-

„produ&ions des plus fervents efprits des
„premiers fiecles.

M. DE NETZ Evêque d'Orleans, "Que
„l'Auteur de cet excellent ouvrage ayant
„toûjours marché fur les traces des faints
„Peres, n'ayant fait que donner un nou-
„veau luftre à leur doctrine , & s'eftant
„rendu l'interprete de ceux qui ont efté la
„voix & l'organe de Dieu mefine , il a me-
„rité la louange d'un veritable Theologien.
„Et fon ouvrage doit non feulement eftre
„eftimé de tout le monde, mais doit enco-
„re , &c.

M. DE HARLAY Evêque de S. Malo , l'a
„trouvé par tout tres-conforme aux deci-
„fions des facrez Conciles & aux fentimens
„des faints Peres, & tres-digne de l'appro-
„bation de tous les fideles.

M. DE MARONI Evêque de Bazas, fou-
„haitte que cet ouvrage foit lu fans ceffe
„& foit aimé de tous ceux qui ont un amour
„fincere pour noftre Religion; dit qu'on
„n'en peut louer l'Auteur affez dignement
„(ce qu'il fait luy-même avec étenduë &
„d'une maniere tres-forte) & qu'il juge
„fon Livre tres-digne de vivre éternelle-
„ment dans la memoire des hommes.

M. DE BERTIER Coadjuteur de Mon-
„tauban, regarde M. Arnauld comme un
„Docteur éclairé de l'ancienne fcience de
„l'E-

,,l'Egliſe & ardent du zele de ſa premiere
,,gloire ; & ſa plume comme une eſpée de
,,feu , qui ferme la porte du veritable para-
,,dis de la terre aux profanateurs de ſes
,,myſteres.

M. D'ESPRUETS Evêque de S. Papoul,
,,juge que dans la corruption & le relâche-
,,ment de ce ſiecle il eſtoit important, voire
,,neceſſaire, que cette matiere fut traitée à
,,fond ; que tous ceux qui ont des mouve-
,,mens purs & Chreſtiens ſont redevables de
,,ce travail parfait à l'Auteur qui le donne
,,au public ; qu'il y propoſe la doctrine des
,,ſaints Peres , des Conciles & de l'Egliſe
,,ancienne avec une fidelité irreprochable ;
,,qu'il la developpe judicieuſement & l'é-
,,claircit avec une netteté rare & pieuſe; qu'il
,,en inſinue la devotion & l'uſage avec des
,,raiſons ſi puiſſantes, que de ne leur don-
,,ner point les mains, c'eſt ſacrifier à l'opiniâ-
,,treté, &c.

M. VIALART Evêque & Comte de
,,Chaalons, en garentit la doctrine comme
,,fort ſaine, conforme à l'eſprit & à la con-
,,duite de l'Egliſe, & de tres-grande utilité.

M. DE LA BARDE Evêque de S. Brieuc
,,juge que ce Livre doit eſtre bien reçu &
,,approuvé de tous à cauſe des grands avan-
,,tages (qu'il explique fort au long) & decla-
,,re qu'il croiroit faire trop peu ſi ſon ap-
,,proba-

„ probation par écrit n'eftoit confirmée par
„ l'ufage & la pratique de fon diocefe.

M. DE MAYTIE Evêque d'Oloron "aprés
„ avoir donné fon Approbation avec la Pro-
„ vince d'Auch à une doctrine fi fainte & fi
„ utile pour toutes les ames qui foupirent
„ pour leur falut, pour en infpirer davan-
„ tage l'amour & la veneration à tous fes
„ diocefains, ajoute encore un témoignage
„ particulier de l'eftime qu'il en fait, & du
„ defir qu'il a de voir pratiquer par tout
„ une fi falutaire conduite, &c.

M. DESTRESSES Evêque de Lectoure :
„ Je m'eftimerois coupable, dit-il, fi aiant re-
„ connu le livre de la Frequente Commu-
„ nion une pâture fprituelle & trés falutaire à
„ mon trouppeau & au bercail que Dieu a
„ mis à ma direction, je ne la luy diftribuois
„ & recommandois comme telle. Il s'éleve
„ enfuite contre ceux qui fous le vifage de
„ pafteurs & d'agneaux l'ont voulu & ofé
„ décrier comme un venin & une viande
„ empeftée & empoifonnée. Et dautant que
„ c'eft aux Evêques comme vrais Pafteurs
„ & legitimes juges de rendre témoignage à
„ la verité, & que les peuples font obligez
„ de les croire pour fe conferver la qualité
„ de vraies ouailles, il s'étonne qu'en ce
„ fiecle & en ces malheureux jours la voix
„ des Pafteurs foit moins écoutée, que cel-

C

le

„ le des mercenaires, & que les enfans croient
„ plutoft les étrangers que leurs Peres.

M. Diharse Evêque de Tarbes, dans un long eloge, dit, "que l'on ne fauroit trop „ louer le zele de l'Autheur, ni affez efti- „ mer fon ouvrage, qui combat les excez „ étranges de quelques Directeurs nou- „ veaux, qui par une lâche condefcendan- „ ce & une temerité prefomptueufe, pouf- „ fent indifferemment à la fainte Table tou- „ tes fortes de perfonnes, quelques char- „ gées de crimes qu'elles puiffent eftre, „ pourvû feulement qu'elles s'en foient con- „ feffées avec un propos d'amendement „ qu'elles n'ont que trop experimenté, par „ leurs frequentes recidives, eftre pure- „ ment imaginaire. J'ay eu une grande joie, „ ajoute-t-il, de voir toute nôtre Provin- „ ce d'un commun confentement approu- „ ver une doctrine fi falutaire, & lui ay „ de tout mon cœur donné mon fuffrage „ avec tant de perfonnes de haut merite.

Enfin les Evêques en parlant au Pape Innocent X. crurent devoir de nouveau "re- „ lever le merite de ce livre, & eftiment „ avoir fujet de le recommander à fa Sain- „ teté avec encore plus de zele & de con- „ fiance, puis que nous voyons, difent „ ils, les heureux effets des efperances cer- „ taines que nous en avions conçues, &

que

,,que le fruit & l'avantage que tous les fi-
,,delles en reçoivent, s'augmente tous les
,,jours de plus en plus. Les inſtructions
,,qu'ils tirent de ce livre ſont ſi ſalutaires,
,,qu'elles ſervent à la ſolide gueriſon des
,,plaies de leurs ames, & leur inſpire le
,,deſir de vivre dans l'Egliſe comme enfans
,,de Dieu, & comme membres de Jesus-
,,Christ, en s'efforçant de méner une vie
,,digne de Dieu & veritablement chre-
,,ſtienne.

,,   Ce qui eſt paſſé meſme juſqu'aux here-
,,tiques (ſelon ce que nous avions prévu
,,par nôtre precedente Lettre au Pape Ur-
,,bain VIII. qu'il arriveroit) pluſieurs d'en-
,,tr'eux aiant eſté par ces meſmes inſtru-
,,ctions convertis également à la Foy & à la
,,pieté catholique. Car la doctrine ſi
,,ſainte du grand Cardinal Borromée, tres
,,fidelement rapportée dans cet ouvrage, a
,,touché les eſprits de telle ſorte, & en rom-
,,pant les charmes qui les retenoient enga-
,,gez dans les vices, les a fait paſſer avec
,,tant d'ardeur dans la pureté des mœurs,
,,& dans l'innocence d'une nouvelle vie,
,,qu'ainſi que ce Saint paroiſt vivant & par-
,,lant dans cet ouvrage, où il ſemble qu'il
,,inſtruiſe encore de vive voix l'Egliſe de
,,Dieu, on voit de meſme comme ſe for-
,,mer en nos jours, par une ſincere con-

C 2　　　　verſion

„ verſion des ames, une image de ce temps
„ heureux, que ſa doctrine & ſa pieté firent
„ fleurir en ſon ſiecle.

Je groſſirois trop ce memoire ſi je vous
faiſois, Monſieur, un abregé ſemblable
au precedent, de tout ce que les 24. Docteurs ont dit dans leurs Approbations à
la recommandation de cet ouvrage & de
l'Auteur. Je me contenterai de vous rap-
porter quelque choſe de l'Approbation du
celebre Pere Michel le Févre Prêtre de l'O-
ratoire, Docteur de la Maiſon & Societé
de Sorbonne, Chanoine & Theologal de
l'Egliſe d'Orleans, lequel eſt mort en odeur
de ſainteté, aprés avoir mené une vie toute
apoſtolique. Son approbation, qui reſpire la
ſimplicité des Saints, eſt de cinq ou ſix
mois aprés la publication du livre *de la Frequente Communion*, & depuis les accuſations & les calomnies publiées contre cet
ouvrage. Cela ne l'empeſche pas d'en faire
un fort long eloge, ou aprés avoir deplo-
ré les abus qui ſe commettent dans l'uſage
des Sacremens de la Penitence & de l'Eu-
chariſtie : "Dans nos grands maux, dit-il,
„ voila que Dieu à fait naître une luiſante
„ Etoile de la celebre Maiſon de Sorbonne
„ pour le bien commun, ſi nous en vou-
„ lons profiter, tant ſpirituel que tempo-
„ rel de la Chreſtienté. Ce livre plein de
ſa-

,, fageſſe nous fait voir que ſon Auteur eſt
,, ce vrai directeur cherché entre dix milles
,, par M. de Geneve (S. François de Sales)
,, Directeur non ſeulement des ſimples,
,, mais des Predicateurs, Miſſionnaires, Con-
,, feſſeurs. Nous pouvons dire avec le peu-
,, ple d'Iſrael : *Eamus ad Videntem.* Il nous
,, enſeignera les veritez de la vie & de l'E-
,, vangile de Jesus-Christ nôtre Seigneur.
,, Car ce Livre eſt rempli de veritez ſi chre-
,, ſtiennes, catholiques, pieuſes & ſaintes,
,, que ſi, ou M. Arnauld, qui par ce livre
,, illumine les Chreſtiens, venoit dire le
,, contraire de ce qu'il contient, ou un au-
,, tre Docteur, ou meſme un Ange, je ne le
,, jugerois pas recevable. Nôtre bon Dieu
,, l'a voulu ſuſciter en ce ſiecle ſi corronpu,
,, pour nous enſeigner les voyes droites du
,, Paradis, & des vrayes conſolations, pour
,, nous montrer le Royaume du Ciel, pour
,, nous donner la ſcience des Saints. (Et
,, plus bas) Je croy que l'on pourra voir
,, l'eſtime que je fais de ce livre, que j'ap-
,, prouve tres-volontiers, que je loue, re-
,, commande & publie trés-utile pour ceux
,, qui vivent dans les voyes de la perfection,
,, & abſolument neceſſaire en ce ſiecle de-
,, pravé pour le commun des Chreſtiens
,, qui ne veulent ſe retirer des voyes du
,, paganiſme, ni retourner & ſe conſerver

C 3

dans

,, dans les voies du Christianisme, aprés avoir
,, trompé plusieurs années leurs Confesseurs;
,, & même pour la conduite des Confesseurs
,, peu prudens, peu experimentez, & dans
,, les villes & dans la campagne, & Seculiers &
,, Religieux. La charité que Jesus-Christ
,, N. S. a envers nous tous, l'obligation que
,, j'ay à la sainte Eglise, & l'experience de
,, tant d'années, me pressent de parler ainsi :
,, & il importe que les Monarques, les Prin-
,, ces, les Seigneurs & les Officiers de la Ju-
,, stice contribuent & donnent secours pour
,, relever le Christianisme selon la conduite
,, de ce livre, & pour les benedictions spi-
,, rituelles, & pour la prosperité temporelle
,, de leurs Estats.

La Maison de Sorbonne entiere ne put
pas donner une approbation plus réelle,
plus authentique, ni plus éclatante au Livre de la Frequente Communion, ni témoigner plus visiblement le mépris qu'elle
faisoit des accusations formées contre cet excellent Ouvrage, que par l'honneur qu'elle fit à M. Arnauld de le recevoir en sa Societé avec des témoignages d'une estime
toute extraordinaire, & avec des circonstances toutes singulieres, mesme depuis la
publication de son Livre, & aprés que les
Jesuites luy eurent declaré la guerre par les
Sermons scandaleux de leur P. Nouet. M.
l'Escot

l'Escot Professeur de Sorbonne, qui ne l'aimoit pas par les raisons que j'ay dites, & qui fut depuis un des plus puissans promoteurs de la Censure de Sorbonne, avoit emploié l'authorité du Cardinal de Richelieu pour l'exclure de la Societé de cette Maison, par cette seule raison, ou plûtost sous ce pretexte, qu'il n'avoit pas fait le Cours de Philosophie dans le tems ordinaire. Mais aprés la mort du Cardinal, il y fut reçû avec un empressement general & un applaudissement incroiable, à cause de l'estime qu'il s'estoit de nouveau acquise par le Livre de la Frequente Communion : le seul M. l'Escot en murmurant & s'y opposant inutilement.

On peut ajouter à tant d'Illustres Témoins de la pureté de la doctrine de ce Livre & de son utilité, tout ce qu'il y a eu depuis ce tems-là d'Evesques & de Prestres qui l'ont mise en pratique, & qui en ont fait la Regle de leur conduite dans l'administration des Sacremens de Penitence & d'Eucharistie : C'est à dire tout ce qu'il y a eu, principalement dans l'Eglise de France, d'Evêques, de Pasteurs & de Theologiens remplis de lumiere & de zele : & tous ceux qui se sont declarez pour le delay de l'Absolution à l'égard des pecheurs d'habitudes, de ceux qui sont dans l'occasion prochaine du peché, ou dans d'autres engagemens qui

 de-

demandent ce delay. Car c'est une des principales maximes qu'établit le Livre de la Frequente Communion : & la facilité à donner
l'absolution à toutes sortes de pecheurs sans
distinction, & contre les regles de l'Eglise, est
un des points que l'Auteur combat avec plus
de soin dans l'Ecrit du Jesuite qu'il refute.

On peut mettre au nombre des Approbateurs du Livre de la Frequente Communion, les Papes Urbain VIII. & Innocent X. les Cardinaux & les Consulteurs de
la Congregation de l'Inquisition de Rome,
à qui les Jesuites l'avoient deferé, & qui
malgré tous les artifices & toutes les instances & solicitations de ces Peres, le ren-
voierent absous & sans y avoir rien trouvé
digne de censure & de blâme.

L'Université de Louvain qui censura
en 1653. à la requisition de Mr. l'Archevesque de Malines, & en 1657. à
la requisition de M. l'Evesque de Gand,
deux Propositions des Jesuites contraires
au delay de l'Absolution.

L'Université de Paris, qui censura en
1659. l'Apologie des Casuistes du P. Pirot
Jesuite, que M. l'Archevesque de Paris,
dans la censure qu'il en fit, lors qu'il estoit
Archevesque de Rouen, appelle avec raison, *une espece de monstre dans la Theologie Morale*, & qui contient six ou sept
Propositions sur cette matiere.

Tous les plus sçavans & plus saints Archevesques & Evesques de France, qui écraserent ce mesme monstre par les Censures qu'ils en firent en particulier à l'envy l'un de l'autre : & particulierement cinq excellens Evesques du Languedoc, & l'Eglise de Paris , qui y condamnent les absolutions précipitées & *facrileges* , comme ils parlent, que cette Apologie approuve.

Tout le Clergé de France assemblé en 1655. & 1656. qui s'éleva contre *la facilité malheureuse de la pluspart des Confesseurs á donner l'absolution a leurs Penitens;* & qui opposa à cette conduite aveugle les Instructions de S. Charles, *qui , selon le* témoignage des seize Evesques, *paroist vivant & parlant dans le Livre de la Frequente Communion , où il semble qu'il instruise encore de vive voix l'Eglise de Dieu.*

M. le Cardinal Grimaldi Archevesque d'Aix , un second S. Charles, dans son Ordonnance de l'an 1674. qu'un grand nombre d'Évêques se sont rendue propre,& qui contient quinze especes d'occasions où l'on doit differer ou refuser l'absolution à certains pecheurs.

M. l'Evesque d'Arras , & trente autres Evesques qui ont approuvé ses Lettres Pastorales , ses Maximes & sa Censure du 7. Novembre, où il condamne sept Propositions

sitions contraires au delay de l'absolution,
comme *dangereuses, fausses, scandaleuses,
temeraires, tendantes au relâchement du
Sacrement de Penitence, induisant une necessité aux Confesseurs de donner des absolutions injustes, temeraires & précipitées, &
manifestement contraires à l'Evangile.*

Enfin les Papes Alexandre VII. & Innocent XI. le premier ayant condamné
l'Apologie monstrueuse des Casuistes le
21. d'Aoust 1659. & ayant censuré par
son Decret de 1666. la 42. proposition
qui renferme la mesme erreur. Le second
dans son Decret de 1679. contre 65. propositions, dont la 60. autorise l'Absolution des pecheurs d'habitudes.

Je ne sçai, Monsieur, comment nostre
ami pourra revenir de son étonnement,
quand vous luy aurez fait connoitre que le
Livre qu'on luy a toûjours decrié comme
un des plus dangereux livres du monde,
est le mesme dont la doctrine a esté jugée à
Rome par deux Papes ne contenir rien
qui meritât la censure ; autorisée par les
Decrets de deux autres Papes, louée, re-
commandée, & pour ainsi dire, canoni-
sée par tout ce que l'Eglise de France a eu
de plus venerable pour l'autorité, pour la
sainteté, & pour la science depuis quarante
ans, comme estant la doctrine mesme de la
Tra-

Tradition, des Conciles & des Peres.

Mais que pourrroit-il penfer, s'il fçavoit que depuis que ce Livre fi excellent eut paru, les Jefuites n'ont ceffé de le déchirer dans leurs Sermons & dans leurs Livres, d'une maniere fi outrageufe & fi cruelle, que comme il n'y a peut-eftre jamais eu de livre approuvé d'une maniere fi authentique & fi extraordinaire depuis que l'impreffion eft en ufage, il n'y en a point eu auffi qui ait efté perfecuté avec un tel acharnement, ni d'une maniere plus emportée, ni avec un fi injurieux mépris de l'autorité facrée des Evefques, à qui il appartient de juger de la doctrine dans leurs Eglifes.

Le P. Nouet Jefuite declama d'une maniere infolente dans les Sermons qu'il prêcha dans leur Eglife de S. Louis à Paris, contre la doctrine de ce livre, jufqu'à dire qu'elle eftoit *pire que celle de Luther & de Calvin.* Et il traita fi indignement ceux qui l'avoient approuvée, qu'il fut obligé d'en demander pardon à genoux accompagné de quatre autres Jefuites en prefence de Meffeigneurs les Prelats ; & qu'il reçut un refus honteux lors qu'il alla à Tours pour y precher le Carême fuivant, & à S. Severin à Paris lors qu'il y voulut prefcher l'Advent.

Dans leurs livres M. Arnauld n'eftoit rien moins qu'un Sectaire, un Heretique, un
Schif-

Schifmatique , un Herefiarque ; le P. Seguin demandoit fon fang & fa vie aux
grands de la terre , & fa doctrine malgré le
jugement des Evefques fut en un moment
nommée l'herefie des Arnaudiftes. Et au
lieu de rougir de ces excez fi indignes de
Preftres & de Religieux , ils en font encore
trophée dans le dernier Catalogue des Ecrivains de leur Societé , ou les Libelles de ce
Pere , remplis des plus noires calomnies &
des plus horribles emportemeus , font
louez comme des ouvrages d'un homme
équitable , moderé , paifible , & en qui on
n'avoit jamais remarqué la moindre émo-
tion ; & le Livre de la Frequente Communion , traité de livre PESTILENT : *Adverfus
peftilentem Antonii Arnaldi de Frequenti
Communione Librum fubtiliter adeò folidéque
fcripfit , ut ad molliora quædam dogmatum
fuorum interpretamenta adverfarii confugere
coaEti fuerint.*

Quand noftre ami , Monfieur , fera inftruit de tous ces faits , touchant l'affaire
du Livre de la Frequente Communion , il
a trop d'efprit pour ne pas voir par luy-mefme les confequences qu'il en faut tirer.

Il verra bien que ce Livre , fa doctrine &
fon Auteur font demeurez pleinement victorieux de tous les efforts que la Societé a
emploiez pour les accabler & les detruire ; &
que

que cet ouvrage sera regardé jusqu'à la fin des siecles comme un des plus puissans moiens que la Providence ait voulu faire servir à la reformation des abus qui s'estoient glissez depuis plusieurs siecles dans l'administration des Sacremens de la Penitence & de l'Eucharistie.

Il verra bien encore, qu'au contraire les Jesuites qui entretenoient cet abus par la mechante doctrine de leurs Casuistes & par leur conduite relâchée dans le tribunal de la Penitence, ont esté entierement confondus; & que cet excellent ouvrage a fourni des armes pour combattre dés lors & dans la suite leur morale corrompue, & a dans la verité donné un coup mortel à leurs pernicieuses maximes, foudroiées depuis par le S. Siege, par les Evêques & par les plus celebres Universitez de l'Eglise.

Il verra bien enfin qu'il ne faut pas trop s'alarmer quand on entend les Jesuites crier à l'heresie & à l'heretique contre quelque Theologien ou contre quelque Communauté. Il ne faut que suspendre un peu son jugement & sa creance, & examiner les choses de sang froid, peser les raisons de part & d'autres, en venir aux preuves; on ne sera pas longtemps sans découvrir que ces accusations atroces ne sont que le langage qui est ordinaire à la Compagnie, quand on

l'at-

l'attaque dans quelque point de sa doctrine
ou de sa conduite. C'est le cri d'une Societé fiere & delicate qui se sent blessée, & qui ne
peut souffrir qu'on la touche dans le moindre de ses membres. Il la faut laisser crier.
A la fin elle est obligée de se taire, comme
elle a esté obligée de le faire depuis, au moins
pour ce qui concerne le corps du livre.

En effet le declamateur qui pretend avoir
droit d'appeller M. Arnauld heretique,
comme auteur de la proposition *des deux
chefs qui n'en font qu'un*, *que le S. Siege*,
dit-il, *a declarée heretique*, s'est vu reduit
à chercher dans la Preface cette pretenduë
erreur. Mais avertissez nostre ami de ne se
pas plus alarmer de cette accusation, que de
toutes les autres qu'ils ont formées contre
ce livre. Il peut s'assurer sur ma parole qu'il
n'y a rien que de tres-Catholique dans cette proposition, & que le Jesuite n'a pu en
parler comme il a fait qu'en mentant tres-
impudemment, & en calomniant d'un même trait de plume, & M. Arnauld, & le saint
Siege, & la verité mesme dont il luy impute
faussement la condamnation. Il est, dis-je,
tres-faux que la proposition de M. Arnauld
ait esté condamnée, puisqu'elle ne l'a esté
ni absolument & en elle-même, ni par rapport au Livre de la frequente Communion;
mais seulement par rapport à d'autres livres
dont

dont il n'eſt point l'auteur; & comme expliquée en un certain ſens particulier qu'on auroit pu luy donner.

Ces diſtinctions, Monſieur, ne ſont pas arbitraires, ni inventées par ſubtilité d'eſprit; je ne vous dis rien que vous ne puiſſiez voir vous-meſme dans le Decret dont on parle, qui eſt de l'an 1647. Car. 1. Il n'y eſt non plus parlé du Livre de la *Frequente Communion*, que s'il n'eut point eſté au monde; & au contraire, il y eſt parlé de quelques autres livres faits ſur cette matiere en 1645. & dont les titres y ſont marquez tout au long. 2. Ces livres y ſont nommez, non comme contenant aucune erreur, ni comme renfermant le ſens erroné de la propoſition; mais comme ayant eſté l'occaſion de cette diſpute qu'on vouloit étouffer; & parce que l'on craignoit à Rome que cette propoſition ne vint à eſtre priſe par les fideles dans un ſens erroné: *Ne in re tanti ponderis error aliquis mentibus Chriſti fidelium irreperet.* Vous voiez comme on ne ſuppoſe pas l'erreur déja née, mais qu'on craint qu'elle ne vint à naître à l'occaſion de ces diſputes & des livres nommez dans le Decret. 3. Aprés avoir rapporté la propoſition en quatre manieres differentes, dont la premiere ſeule ſe trouve dans la Preface du Livre de la Frequente Communion, il n'en condamne aucune, qu'en cas qu'on l'exl'expliquât de telle sorte, *qu'elle mettroit une entiere & parfaite égalité entre S. Pierre & S. Paul, sans aucune subordination ni sujettion de S. Paul à l'égard de S. Pierre dans la puissance souveraine & dans le gouvernement de l'Eglise universelle* : ITA EXPLICATAM, *ut ponat omnimodam æqualitatem inter S. Petrum & S. Paulum, sine subordinatione & subjectione S. Pauli ad S. Petrum in potestate suprema & regimine universalis Ecclesiæ.* Or cette proposition n'est expliquée en aucune maniere dans la Preface de la Frequente Communion ; & dans les autres elle y est expliquée de telle maniere qu'il y a des Chapitres exprés pour faire voir que cette égalité entiere ne se trouve point entre S. Pierre & S. Paul. C'est pourquoi la Frequente Communion n'est comprise en aucune sorte, ni de prés ni de loin . dans ce Decret, & il n'y a qu'un dessein deliberé de calomnier un aussi excellent ouvrage , en foulant aux pieds l'autorité des Evêques qui l'ont approuvé, & celle mesme du S. Siege qui n'y a rien trouvé à redire , qui ait pu faire dire au declamateur ce qu'il a dit contre ce livret.

Or il y a une si grande difference entre une proposition considerée absolument & en elle-même , & cette proposition considerée dans un certain sens particulier ; qu'une proposition, peut estre de foy considerée en elle-

elle-même, & heretique dans un sens particulier qu'on luy attribueroit. Comme cette proposition, *Mon Pere est plus grand que moy*, est de foy en elle-mesme, & est heretique dans le sens que les Arriens y attachoient : & cette autre, *Le Verbe a esté fait chair*, est en soy une verité adorable, & est un blaspheme dans le sens des Eutychiens. Tant s'en faut donc que la proposition de M. Arnauld soit heretique & qu'elle ait esté condamnée comme telle ; qu'au contraire, de ce qu'aprés tous les efforts & tous les artifices des Jesuites, qui en ont poursuivi la condamnation avec tant de chaleur, on ne l'a condamnée à Rome que dans des sens particuliers marquez dans le Decret, c'est une preuve évidente qu'on ne l'a pas jugée condamnable en elle-même, & qu'on en a trouvé l'expression Catholique ; quoy qu'on y ait pu craindre que l'on ne vint à en abuser en y attachant des sens heretiques. Ce sont ces sens que Rome y a condamnez par précaution, & que par une semblable précaution on avoit ouvertement rejettez dans des Ecrits anterieurs au Decret de Rome.

C'est donc une supercherie manifeste & une pure calomnie, de faire croire au monde, que M. Arnauld a soutenu cette proposition dans un sens heretique, qui auroit

roit merité d'eſtre condamné à Rome. Et
les Jeſuites eſtant chaſſez de ce dernier re-
tranchement, où ils ont encore voulu ſe
défendre pour ſoutenir leurs vieilles accuſations contre le Livre de la Frequente
Communion, cet excellent Livre demeure
pleinement purgé de tout mauvais ſoupçon.
Les efforts de ſes ennemis n'ont ſervi qu'à
faire davantage éclatter les veritez qui y ſont
enſeignées, & à procurer à l'Auteur plus
de défenſeurs & d'approbateurs qu'il n'en
auroit eu ſans ces oppoſitions & ces traverſes.

Enfin la conduite & les maximes du Livre de la *Frequente Communion* ſe ſont vues
autoriſées par des Arrets du Conſeil de S. M.
T. C. dans le procez de Mr. l'Evêque d'A-
let, & les ennemis même les plus declarez de
l'Auteur ont eſté forcez de reconnoître
& d'avouer publiquement, comme je l'ay
déja remarqué, *Que Mr. Arnauld avoit*
ſoutenu avec grande raiſon, comme pluſieurs
grands Docteurs l'avoient enſeigné & ſoutenu
avant luy, qu'on ne doit pas facilement croi-
re aux paroles d'un pecheur penitent qui a
contracté l'habitude de quelque peché mortel
par de frequentes rechutes, lors qu'en confeſ-
ſion il dit qu'il ſe repent de ſon peché & qu'il
ſe propoſe de n'y plus retomber ; & que luy-
même ne doit pas ſe fier abſolument aux bons
ſentimens qu'il penſe avoir : mais que pour
en

en separer vraiment son cœur, & pour se convertir parfaitement à Dieu, il faut qu'avec le secours de la grace divine il fasse quelques efforts sur luy-même, qu'il se separe des occasions, qu'il s'applique les remedes qu'on luy prescrit ; qu'il tâche de pratiquer les vertus contraires à son vice. Parler ainsi, n'est-ce pas approuver le Livre de la Frequente Communion, qui ne tend qu'à établir ces saintes maximes & cette conduite si salutaire aux pecheurs, & si necessaire pour ne pas exposer les Sacremens à un abus & à une profanation visible.

COMME je n'ay pas prétendu faire ici ni une histoire entiere, ni une apologie complete du Livre de la Frequente Communion, je n'ay rien dit d'un grand nombre de circonstances & d'évenemens qui se passerent à l'occasion de cet ouvrage; ni des livres qui furent faits pour le défendre ; ni de l'Apologie imprimée en faveur de l'Auteur; ni d'un Ecrit qu'il fit luy-même contre un Livre intitulé *Le Pacifique veritable* publié par M. de la Milletiere, qui n'avoit pas encore abjuré publiquement le Calvinisme, comme il fit depuis; ni enfin d'un excellent ouvrage que M. Arnauld joignit à celuy de la Frequente Communion, sous le titre de la *Tradition de l'Eglise sur la Penitence & sur l'Eucharistie.*

				Le

Le fond de ce dernier ouvrage est un re-cœuil de plusieurs excellents Traittez & Fragmens des SS. Peres de l'Eglise, ou d'Auteurs Ecclesiastiques sur cette matiere traduits en François; pour l'impression duquel on avoit obtenu Privilege du Roy. Mais comme on estoit assuré que le credit des Jesuites empecheroit qu'on n'en pût obtenir pour la refutation du Livre du P. Petau contre celuy de la Frequente Communion, on fut obligé de mettre ce qu'on avoit à dire contre ce Jesuite, dans l'Epitre dedicatoire de la Tradition adressée à la Reyne regente, & dans une Préface aussi longue que le reste du Livre. On y detruisit pleinement les mauvais raisonnemens & les vetilleries de ce Pere; & on le convainquit d'avoir renversé, pour complaire à sa Compagnie, ce qu'il avoit enseigné de la Penitence dans ses Annotations sur S. Epiphane.

Seconde affaire.

CENSURE DE SORBONNE.

ENTRE la Frequente Communion & la Censure de Sorbonne, les disputes sur la Grace s'estoient fort échauffées dans l'Université de Paris, aussi-bien que dans celle de Louvain. Ceux qui se signalerent davantage

tage contre la doctrine & contre les disciples de S. Augustin furent M. Habert Theologal de Paris, M. le Moine Professeur en Sorbonne, M. Pereyret à Navarre, M. Morel Docteur & Censeur des Livres, M. Cornet Docteur de la Maison de Navarre & dans ces temps-là Syndic de la Faculté.

Ce dernier avoit esté Jesuite, & l'on croioit communément qu'il l'estoit encore, quoi qu'il n'en portât pas l'habit; comme on l'a cru aussi de Thomas Stapleton Docteur de Douay, que le credit des Jesuites fit Professeur à Louvain. Car on tient que c'est un usage assez ordinaire dans la Societé d'avoir dans toutes sortes d'états des Jesuites déguisez, quand il leur est important de les conserver dans des postes utiles à la Compagnie, ou de les faire entrer en des emplois où ils ne seroient pas reçus avec leur habit. Pour ne point parler de M. des Noiers Secretaire d'Estat en France sous le dernier Regne, que le bruit public mettoit au nombre des Jesuites de robe-courte; il est bien certain au moins que S. François de Borgia, qui fut depuis leur General, avoit esté Jesuite à vœux solennels, sans avoir fait de Noviciat, durant trois ou quatre ans avant que d'en prendre l'habit, en demeurant Duc de Gandie. & en rendant le General de la Societé maistre & dispensateur absolu de sa famille & de ses

D 3

biens.

biens. *Il fut reçu Jesuite, dit Ribadeney-ra, en 1547. ayant fait ses vœux solennels, à l'insçu de tout le monde, excepté peu de personnes, de peur que cela ne se divulguât avant qu'il fut en estat d'entrer dans la Societé : ce qu'il ne fit qu'en 1551.*

Le Cardinal Alexandre Ursini, fils du Duc de Bracciano, fut aussi Jesuite, sans en porter jamais l'habit ; en fit les vœux, sans avoir fait aucun Noviciat, mais avec cette restriction, AUTANT QUE SA DIGNITE' LE PERMETTOIT ; QUOAD *dignitatis ratio patiebatur* ; mourut Jesuite, sans avoir jamais demeuré parmi eux ; a esté mis au rang des écrivains Jesuites & a eu part durant sa vie & aprés sa mort aux merites & aux prieres de toute la Societé, comme s'il avoit vecu & estoit mort avec son habit & dans son sein. C'est en flattant le monde de cet avantage qu'ils en attirent, & il s'en trouve qui esperant par ce moien de beaucoup gagner sans rien perdre, & de se trouver à la mort revetus de tous les merites & de toutes les bonnes œuvres de la Compagnie, sans qu'il leur en ait rien couté durant leur vie, sinon de la servir dans les occasions comme leur mere, & d'estre obeïssants comme des enfans aux Superieurs, quand ses interests le demandent, veulent bien estre ainsi Jesuites *incognito.* Mais ils pouroient bien estre Saints à peu

Voyez le Catalogue des Ecrivains de la Societé de Sotwel.

à peuprés de la même maniere, s'ils se repo-
sent sur cette justice imputative de la Societé:
& j'aurois peur que ce contract ne fut pas
ratifié en l'autre monde, où les Jesuites
n'ont pas peut-estre autant de credit qu'en
celuy-ci.

Cependant il ne laisse pas de se trouver des
personnes de toutes sortes, qui donnent dans
ce panneau, & qui croient avoir fait un bon
marché. On leur fait entendre que qui dit
un Jesuite, dit un predestiné (la revelation
en est dans l'Image du premier siecle) que
Jesus-Christ vient au devant de tout Jesuite mourant, pour le recevoir; & enfin
que c'est un si beau nom, selon le P. Nouët
dans une de ses Meditations imprimées, *que
l'Eternité ne conservera que deux noms: celuy de* Jesus, *c'est à dire,* Sauveur, &
celuy de Jesuite, *c'est à dire,* Sauvé'.
Qui n'y seroit pris? Il ne faut donc pas s'e-
stonner de voir dans le monde des gens si
devouez à la Societé, qu'on est comme for-
cé de croire qu'ils y sont liez & soumis par
le vœu d'obeïssance.

Quoi qu'il en soit de M. Cornet, il agissoit dans la Faculté comme s'il eut esté l'A-
gent & le Procureur General des Jesuites.
Les cinq fameuses propositions, qui ont
esté & sont encore d'un si grand profit à cette Compagnie de negociants, sont venues de

                    la

la manufacture de ce Docteur. Ce fut luy qui en qualité de Syndic de la Societé, autant que de la Faculté, les proposa à la Censure dans l'Assemblée du 1. Octobre 1649. & enfin il estoit le conseil de la faction Molinienne & eut ensuite la plus grande part à la Censure de 1656. contre M. Arnauld.

M. Habert fut celuy qui commença la dispute en 1642. par trois Sermons seditieux & emportez au-delà de tout ce qu'on en peut dire. M. le Moine le seconda par ses leçons sur la grace dans l'Ecole de Sorbonne, M. Pereyret dans celle de Navarre; & M. Morel, pour ne paroistre pas tout à fait inutile au parti, fit un petit livre sous le titre de *Veritables sentimens de S. Augustin & de l'Eglise.*

Les trois sermons de M. Habert furent refutez. Il les voulut défendre, & il fut repoussé de telle maniere par un second ouvrage, de M. Arnauld, que ce pauvre Theologal ne s'en releva jamais. On écrivit aussi contre M. Cornet & contre M. Pereyret. Mais l'ouvrage le plus considerable de tous fut celuy que M. Arnauld composa contre M. le Moine, M. Morel, & un troisiéme qui en donnant une Traduction des Livres *De la vocation des Gentils*, y avoit ajouté des Reflexions sur la doctrine de cet Auteur. Le livre qui les refute & les abbat tous trois d'un seul coup, est *l'Apologie pour les saints Peres*

Peres de l'Eglise Défenseurs de la grace de
JESUS-CHRIST. C'eſt un excellent traité de
la grace, & qui ſuffiroit ſeul pour detruire
tous les vains efforts qu'ont fait les Molini-
ſtes juſqu'à preſent pour combattre la vraie
grace de JESUS-CHRIST, & pour établir celle
de Molina & de ſes diſciples ſoit rigoureux
ou mitigez.

Au reſte on peut s'aſſurer que *l'Apologie
des SS. Peres*, eſt un Livre dans lequel on
n'a rien trouvé à redire à Rome; puis qu'il
ne paroit point dans aucun des *Index*, ni
parmi les Livres prohibez, au rang deſquels
les Jeſuites faiſoient mettre alors tous ceux
qu'ils vouloient: & que les Docteurs que
j'ay nommez, qui ne cherchoient que
l'occaſion d'en faire fletrir l'Auteur par quelque cenſure, n'y trouverent point de priſe
& furent obligez d'attendre une autre occaſion. Elle ne ſe preſenta qu'en 1655. comme nous l'allons voir, aprés que je vous auray averti de bien remarquer ce que je vous
viens de dire, & que tous les perſonnages
que je vous ay nommez comme les adverſaires jurez de M. Arnauld qui avoit écrit
contr'eux, furent neanmoins ſes principaux
Commiſſaires pour l'examen de ſes propo-
ſitions dans l'affaire de la Cenſure, les Juges
de ſa doctrine & de ſa perſonne, & les grands
acteurs de la Tragedie dont j'ay à vous
entretenir.   Le

Le Livre de la *Frequente Communion* demeura, comme nous avons vû, pleinement justifié de tout ce que l'on avoit fait d'accusations contre la doctrine qui y est établie : & la pratique de cette doctrine a paru depuis si necessaire aux ennemis même de Mr. Arnauld, qu'elle fut la source de la Censure des Docteurs de Paris. Voicy ce qui y donna lieu.

M. le Duc de Liancourt, qui par sa pieté a si fort édifié toute la France jusqu'au dernier soupir, avoit une liaison tres grande avec Port-royal, y faisoit élever sa petite fille, & avoit chez luy M. l'Abbé de Bourzey si connu par ses sçavans ouvrages contre les Calvinistes. Ce Seigneur s'estant presenté en 1655. pour la confession à un Prestre de S. Sulpice sa Paroisse, cet Ecclesiastique entesté contre Messieurs de Port-royal, luy declara qu'il ne luy pouvoit donner l'absolution, à moins qu'il ne luy promit de rompre tout commerce avec ces Messieurs, de retirer sa petite fille de Port-royal & de congedier de chez luy cet Abbé, qu'ils traitoit de Janseniste & d'heretique. Car ils pretendoit que c'estoit pour luy autant d'occasions prochaines de pecher, dont il se devoit separer pour estre disposé à recevoir la grace de l'absolution.

Cette affaire ayant fait grand bruit dans
Paris

Paris & par toute la France, M. Arnauld fut prié de faire imprimer une Lettre pour la justification de ce Seigneur, & pour faire voir que Messieurs de S. Sulpice avoient fait en cette occasion un tres mauvais usage & une application fort injuste & fort temeraire des maximes du Livre de la Frequente Communion, en refusant l'absolution à une personne d'une vie si exemplaire & si édifiante.

Un grand nombre d'Ecrits ayant esté publiez contre cette Lettre, M. Arnauld se crut obligé de refuter les faussetez & les calomnies dont ils estoient remplis, en faisant imprimer une seconde Lettre qui répond à neuf de ces Ecrits.

C'est de cette seconde Lettre que ses ennemis prirent occasion de former contre luy une accusation, & de le faire censurer par la Faculté de Theologie de Paris, en ayant tiré deux propositions, dont l'une regardoit une question de fait, & l'autre une question de droit.

Quant à celle de fait, il plut aux Censeurs de la declarer *temeraire*, &c. quoy qu'on eut fait voir plus clair que le jour, que M. Arnauld n'avoit rien avancé que sur les principes avouez & établis par les Cardinaux Baronius, Bellarmin, de Richelieu & Palavicin, par les Peres Sirmond & Petau

tau ſçavans Jeſuites , & par tous les Auteurs les plus habiles & les plus attachez à l'autorité de l'Egliſe & du S. Siege. Comme cette queſtion ne peut donc toucher la foy , ni eſtre matiere d'hereſie ; & que d'ailleurs tout cela eſt expliqué dans le livre intitulé , *le Phantôme du Janſeniſme*, d'une maniere fort claire & fort convaincante , je ne dois pas m'y arreſter.

Pour ce qui eſt de la queſtion de droit, la propoſition que l'on expoſa à la Cenſure , eſtoit tres fidellement extraite de ſaint Chryſoſtome & de S. Auguſtin : & afin que vous & noſtre amy en puiſſiez mieux juger, je m'en vas vous mettre en parallele les propres paroles de ces deux Saints avec celles de M. Arnauld.

MR. ARNAULD.	S. AUGUSTIN.	S. JEAN CHRYSOSTOME.
Les Peres nous montrent un Juſte en la Perſonne de S. Pierre, à qui LA GRACE SANS LAQUELLE ON NE PEUT RIEN, a manqué dans une occaſion , où on ne peut pas dire qu'il n'ait point peché. 2. *Lettre.*	Qu'eſt-ce que l'homme ſans la grace de Dieu, ſinon ce que fut ſaint Pierre , lors qu'il renonça JESUS-CHRIST. Et c'eſt pour cette raiſon que le Sauveur abandonna S. Pierre pour un peu de tems ; afin que tous les hommes pûſſent reconnoître par ſon exemple , QU'ILS NE PEUVENT RIEN SANS LA GRACE DE DIEU. *Serm. de Temp.* 124.	La chute de S. Pierre ne luy arriva pas pour avoir eſté froid envers JESUS-CHRIST , mais parce que la grace luy manqua. Elle ne luy arriva pas tant par ſa negligence, que parce que Dieu l'avoit abandonné , pour luy apprendre à ne ſe pas élever audeſſus de l'infirmité humaine, & pour faire reconnoître aux autres Apôtres par ſon exemple, QUE SANS DIEU L'ON NE PEUT RIEN. *Homil.* 72. *in Joan. Et* 31. *in Ep. ad Hebræos.*

Vous aurez peine à comprendre, Monſieur, comment on a pû condamner cette proposition de M. Arnauld, ſans condamner en même tems celles de S. Auguſtin & de S. Chryſoſtome, dont il n'a fait que copier les paroles. Si vous aviez lu tous les Ecrits que ce Docteur fit preſenter à la Faculté pour l'explication & la juſtification de cette proposition, & ſur tout le livre à qui il a donné ce titre, *Diſſertatio Theologica*, &c. vous auriez vû que tous les Peres, les Papes & les Conciles ont parlé de même. On en pourroit produire deux cent paſſages.

Si vous voulez prendre la peine d'ouvrir le ſaint Thomas de Mr. voſtre frere, vous y trouverez en latin 2. 2. qu. 109. art. 6. ces paroles françoiſes : *Le libre arbitre* NE PEUT *ſe convertir à Dieu, que quand Dieu même le convertit à luy.* Et dans la qu. 24. *de veritate art.* 14. *Si nous voulons, dit-il ; donner le nom de grace de Dieu, non à quelque don habituel, mais à cette miſericorde de Dieu, par laquelle il opere interieurement le mouvement de noſtre cœur, & ordonne tout au dehors par rapport au ſalut de l'homme, en ce ſens l'homme* NE PEUT *faire aucun bien ſans la grace de Dieu.*

Mais ſans aller ſi loin, Monſieur, ouvrez l'Evangile de S. Jean, que vous avez toûjours ſur vous, & vous y trouverez cette verité

tant

tant de fois enseignée par l'Auteur même
de la grace , que vous jugerez sans peine,
que comme M. Arnauld n'a fait que trans-
crire les paroles des Peres , les Peres n'ont
fait que copier celles de JESUS-CHRIST.

Personne NE PEUT *venir à moy* , dit le Sauveur , *si mon Pere qui m'a envoié , ne l'at-
tire à luy.* Chap. 6.

*Il y en a quelques-uns d'entre vous qui ne
croient point : c'est pour cela que je vous ay
dit , que personne* NE PEUT *venir à moy ,
s'il ne luy est donné par mon Pere.* Là même.

Sans moy VOUS NE POUVEZ *rien faire.* ch. 15

Vous NE POUVEZ *pas me suivre maintenant* , dit N. S. à S. Pierre même , dans l'occasion dont il s'agit.

Je ne croy pas, Monsieur, que ces paroles
vous aient fait la moindre peine, quand vous
les avez lues ; & vous les avez sans doute
regardées comme contenant cette verité capitale dans l'affaire de nostre salut : *Que
sans la grace de* JESUS-CHRIST *nous ne pouvons rien faire qui y soit utile :* & je ne
doute point que vous n'eussiez horreur de
la proposition contradictoire : *Sans la grace
de* JESUS-CHRIST *nous pouvons faire quelque chose qui soit agreable à Dieu.* Que si
cette derniere a esté justement foudroiée
par les anathémes de l'Eglise ; il faut que la
la premiere soit une verité incontestable dans
la doctrine de l'Eglise.   Mais

Mais je ne prétens pas traiter ici ce dogme en Theologien. On a fait des volumes pour l'expliquer. Si vous voulez vous satisfaire sans peine sur cette proposition, en vous promenant rendez visite aux Dominicains, aux Augustins, aux Chanoines Reguliers de l'Abbaye des Escoliers, aux Carmes déchaussez, & à plusieurs autres Religieux, & demandez leur, s'il n'est pas vray que l'on enseigne communement dans leurs Ecoles, comme la doctrine de S. Augustin & de S. Thomas : *Que la grace efficace par elle-même est absolument necessaire pour toutes les actions de la pieté Chrestienne.* Ils vous répondront sans hesiter, que c'est la doctrine de leurs Ecoles.

Demandez leur encore, si ce n'est pas une consequence evidente de cette doctrine, que *Tous ceux qui ne font pas le bien, n'ont pas reçu une grace efficace par elle-mesme pour le faire.* Ils vous diront sans doute que vous n'avez pas besoin d'eux pour le savoir; qu'il ne faut qu'avoir un peu d'esprit pour tirer cette consequence.

Quand donc S. Pierre au lieu de confesser Jesus-Christ, l'a renoncé devant les hommes, il n'avoit pas la grace necessaire pour le confesser. Et si c'est une notion commune, & un langage qui est dans la bouche de tout le monde : Que quand on

n'a

n'a pas tout ce qui est necessaire pour faire une chose, il est vrai de dire qu'on ne peut pas la faire ; Mr. Arnauld a par consequent pu dire avec verité ; *Que la grace sans laquelle on ne peut rien , a manqué à S. Pierre dans une occasion où on ne peut pas dire qu'il n'ait point peché.*

Cette proposition n'ayant donc en elle mesme aucun autre sens que celui de la grace efficace, qui est le sens des Conciles, des Papes & des SS. Peres ; & M. Arnauld ayant declaré par beaucoup d'écrits envoyez à la Faculté, qu'il n'y avoit entendu aucun autre sens que celuy-là , ce qui estoit de soy-mesme evident : on n'a pu assurément la condamner en elle-mesme, sans condamner S. Augustin, S. Chrysostome & tous les Saints Peres, qui se sont expliquez dans les mesmes termes. Que s'ils y avoient voulu condamner quelque autre sens, qu'ils auroient cru erroné, ils devoient donc le marquer dans leur Censure, afin qu'on n'y fut pas trompé.

Mais ils n'avoient garde de le faire. Ils n'avoient pas un dessein si damnable que de vouloir condamner les SS. Peres. Ils ne se mettoient gueres en peine non plus de condamner des sens errónez auxquels personne ne pensoit. Leur grande affaire estoit de condamner Mr. Arnauld à quelque prix que

ce

ce fut; & comme il n'auroit pu estre condamné si on n'avoit pas censuré sa proposition en elle-mesme, telle qu'il l'avoit mise dans sa Lettre, on l'a condamnée ainsi
sans se mettre en peine des consequences,
sans considerer les declarations de ce Do-
&teur, sans se tourmenter du préjudice
qu'en souffroyent S. Augustin, S. Chriso-
stome, & toute la Tradition.

Mais, vous dira quelqu'un, sa proposition n'avoit elle pas déja esté condamnée
dans la premiere des cinq que les Bulles ont
proscrites? Dites hardiment, Monsieur, à
quiconque vous tiendra un tel discours,
qu'il faut estre ou ignorant, ou malicieux,
pour pretendre que dire, qu'un juste n'a
pu faire une action de pieté sans la grace de
Jesus-Christ qu'il n'avoit pas alors; par
exemple, que S. Pierre n'a pu alors confesser Jesus-Christ sans la grace efficace par
elle-même qui lui manquoit, ce soit dire que
le commandement estoit impossible au juste, & que celui de confesser Jesus-Christ
estoit impossible à S. Pierre. Car il y a une
difference extreme entre ces deux sortes de
propositions; la premiere est des saints Peres, & est tres-Catholique; la seconde est
des heretiques, & est condamnée dans
Calvin par le Concile de Trente. Et comme c'est dans le sens de ce Concile que les

E

der-

derniers Papes declarent qu'ils condamnent
la premiere des cinq propofitions, & que
le fens de cet herefiarque eftoit que les
commandemens eftoient abfolument im-
poffib'es aux juftes, mefme avec la plus forte grace ; nuls Tehologiens ne font plus
éloignez de cette impieté, que ceux qui font
profeffion de croire qu'avec la grace efficace non feulement on peut accomplir, mais
qu'on accomplit toûjours infailliblement
les commandemens de Dieu.

Or Mr. Arnauld eft de ces Theologiens:
& de plus fans avoir égard à ce fens des heretiques, il a toujours declaré qu'il con-
damnoit fincerement les cinq propofitions,
& qu'il croit les commandemens de Dieu
tres poffibles, mefme fans la grace efficace, non dans le fens des Moliniftes qui
detruit la neceffité de cette grace, mais
dans celui de S. Auguftin, de S. Thomas,
& de leurs difciples.

Enfin il eft fi vifible, que l'on peut dire
en un bon fens que S. Pierre n'a pu confeffer JESUS-CHRIST, fans tomber dans l'erreur de la premiere propofition condamnée, que dans le temps mefme que l'on
examinoit en Sorbonne la Propofition de
Mr. Arnauld, les PP. de l'Oratoire de Paris firent foutenir une Thefe dediée au Clergé de France affemblé, qui l'honora de fa
pre-

prefence ; & quoi qu'on fût alors extremement attentif à tout ce qui pouvoit eftre
dangereux fur cette matiere , on ne trouva
point neanmoins à redire à cette propofition
de la Thefe : *La grace efficace produit infailliblement fon effet. Sans cette grace S. Pierre
n'a pu confeffer* Jesus-Christ ; *quoi qu'il
l'ait pu abfolument.* C'eft tout ce que Mr.
Arnauld a pretendu ; & il le declara alors
fi publiquement, qu'il n'y a qu'un deffein
formé de le perdre , qui ait pu faire fermer
l'oreille à fes Cenfeurs pour ne le pas entendre.

Vous voyez bien, Monfieur, qu'à juger de cette Cenfure par le fond , jamais il
n'y en eut de plus injufte. Mais fi vous
en jugez par les formes & par les circon-
ftances, vous ferez furpris de voir que dans
noftre fiecle des Theologiens aient pu fe
porter à traitter comme ils ont fait un de
leurs Confreres, à qui ils avoient eux mefmes rendu des témoignages fi honorables,
& qu'ils aient eu le front de violer toutes
les formes des jugemens Theologiques &
les regles les plus communes de l'equité naturelle, pour venir à bout de perdre un
Docteur qui eftoit devenu l'objet de leur
haine & de leur jaloufie.

Je n'ay garde d'imputer cette difpofition
ni cette injuftice à toute la Faculté. Plus

de soixante-&-dix Docteurs des plus savans
& des plus pieux aimerent mieux se laisser
exclure de cet illustre Corps, que de prendre part à une censure si injuste & si informe. Plusieurs d'entre les autres se sont lais-
sez entrainer par pure foiblesse & en gemis-
sant. D'autres ont esté emportez par un
faux zele, ou par un entestement qui ne les
excuse pas, mais qui les a empechez de voir
tout-à-fait l'injustice qu'ils commettoient.
Enfin on peut dire, que la Faculté avant
que de se porter à opprimer un de ses plus
illustres membres, fut elle-mesme opprimée la premiere par la faction de quelques
Docteurs ennemis declarez de Mr. Arnauld,
soutenue du credit du P. Annat Confesseur
du Roi, & de toute la Societé, & appuyée
de l'autorité de la Cour; & qu'il n'y eut
jamais d'assemblée theologique, où la raison fut moins écoutée, & où la liberté
fut plus asservie.

Ce ne fut pas assurement pour la rendre plus libre que l'on y fit venir tous les
jours durant un mois le Chancelier de France, qui estoit tout devoué aux principaux
ennemis de Mr. Arnauld, dont plusieurs
estoient ses pensionnaires. Ce Chef de toute la justice du Royaume, qui ne sort
presque de chez luy que pour aller presi-
der aux Conseils de sa Majesté & aux Par-
lemens

lemens du Royaume où il reprefente la perfonne du Roy, fe donna la peine de fe
rendre prefent à une affemblée de Docteurs,
& pour ainfi dire d'y venir préfider, pour y
appuyer les deffeins des ennemis de l'accu-
fé, intimider les autres, ofter la liberté des
fuffrages, la plus effentielle de tous les
conditions d'une affemblée Theologique
& d'une cenfure legitime, & enfin pour
changer les formes les plus ordinaires & de
tout temps ufitées en femblables occafions.

La juftice que l'on fait toujours avant
toutes chofes aux plus criminels dans toutes fortes de tribunaux, en leur permettant
de recufer les juges qui leur font raifonna-
blement fufpects, eut efté reçue de Mr. Arnauld comme une grace; mais il n'y avoit
ni grace ni juftice à efperer pour luy. On
luy nomma pour Commiffaires fes plus declarez ennemis, contre qui il avoit écrit
fur ces matieres, & qui eftoient connus de
tout le monde pour les plus ardens à fa per-
te. Et tout ce qu'il put faire reprefenter
fur cela ne lui fervit de rien.

Tous les Docteurs de la Communauté
de S. Sulpice, contre qui la lettre de Mr. Arnauld eftoit écrite, eurent la dureté & l'injuftice de demeurer fes juges nonobftant
fa recufation; au lieu qu'il ne leur falloit
qu'un peu d'honneur pour les porter à

fe

se recuser eux-mesmes, comme font les
honnestes gens dans les tribunaux mesmes
laïcques.

Au lieu de deux Docteurs de chacun
des quatre ordres Mandians qui ont coutume d'assister aux assemblées de la faculté selon son usage & ses loix ordinaires,
confirmées par les arrets du Parlement, on
en fit venir de toutes les Provinces du Royaume, qui y assisterent au nombre au moins
de quarante.

Enfin il y fut commis un si grand nombre d'irregularitez, d'innovations, de con-
traventions à l'ordre toujours observé en
ces rencontres, & de violemens mesme de
l'équité naturelle, que l'on auroit dit qu'on
avoit entrepris de ramasser dans une seule
censure toutes les nullitez qui pouvoient
la rendre informe & irreguliere. On les
verra mieux dans l'acte de protestation que
Mr. Arnauld se crut obligé de faire signifier aux Docteurs, en la maniere qui suit.

Ce n'est pas une protestation demeurée
secrete dans l'Etude d'un Notaire, comme
il arrive quelquefois; puis qu'elle fut signi-
fiée. Et on doit regarder tous les faits qu'elle contient comme certains ; puis qu'on
n'en a jamais contesté aucun, & qu'on n'a
jamais rien répondu à cet Acte.

ACTE

ACTE SIGNIFIÉ

Le 27. de Janvier 1656. à Messieurs les Doyen, Syndic, & Greffier de la Faculté de Theologie de Paris, à la Requéte de Monsieur A R N A U L D Docteur de Paris.

AUjourd'huy est comparu pardevant les Notaires Gardenottes du Roy noftre Sire en fon Chaftelet de Paris fouffignez en la maifon de Galloys l'un d'iceux Mr. ANTOINE ARNAULD Preftre Docteur en Theologie de la Maifon & Societé de Sorbonne, demeurant ordinairement à Port-Royal des Champs prés Chevreufe, eftant de prefent à Paris, lequel a dit & declaré qu'encore qu'il ait eu jufques à prefent plufieurs raifons de fe plaindre du procedé qui a efté tenu contre luy dans l'examen de fa feconde Lettre du 10. Juillet 1655. qu'il a efté contraint de publier pour répondre à plufieurs Ecrits que l'on auroit fait contre fa premiere Lettre touchant ce qui s'eftoit paffé à l'endroit d'un Seigneur de la Cour dans une Paroiffe de Paris, en ce que les Docteurs deputez pour l'examen de fa Lettre ont eu la dureté de

E 4   per-

perſiſter à ſe porter pour ſes Juges, aprés les recuſations qui leur ont eſté ſignifiées de ſa part ; Que quelques Docteurs de la Communauté de Saint Sulpice, contre leſquels ladite Lettre a eſté écrite, & quelques autres Docteurs qui avoient approuvé la conduite combattue dans ladite Lettre, & dans laquelle ils ſont deſignez, ont aſſiſté aux Aſſemblées & ont opiné contre luy, & contre les regles de l'equité naturelle ſe ſont portez pour Juges en leur propre cauſe ; Que l'on n'a point ſatisfait aux ſuppliques des anciens Docteurs, qui demandoient pour l'éclairciſſement de la Queſtion de Fait qu'on leur donnaſt ſuivant les uſages & coûtumes de la Faculté les Extraits neceſſaires pour fonder leur jugement ; Qu'aucuns des Docteurs les plus qualifiez ont uſé de grandes menaces dans la Faculté lors qu'on y inſiſtoit dans leſdites ſuppliques; Qu'ayant envoyé à la Faculté une declaration ou ſatisfaction ſignée de ſa main qui changeoit l'eſtat de la déliberarion, on n'a pas voulu ſouffrir qu'il ait eſté opiné ſur icelle lors qu'elle a eſté preſentée, nonobſtant la requiſition qui en auroit eſté faite par l'un deſdits anciens Docteurs, ny meſme ſouffrir qu'il en ait eſté deliberé apres avoir pris tous les advis ſur ladite Queſtion de Fait, ſelon la parole qui en avoit eſté donnée :

Que

Que pour precipiter une Censure, & oster
la liberté aux Docteurs de revenir en se rendant aux raisons qu'ils avoient oüies, & re-
cevant la satisfaction qui auroit esté presen-
tée, comme quelques-uns témoignoient le
vouloir faire ; Me Denis Guiard Syndic,
au lieu de compter dans l'Assemblée les suffrages sur le plumitif du grand Bedeau &
Scribe de la Faculté suivant la coûtume, &
au lieu de les lire à haute voix, comme la
necessité le requeroit apres une deliberation
de six semaines, & selon la demande qui
en a esté faite par plusieurs Docteurs, à
qui la personne dudit Sieur Syndic estoit
suspecte en cette occasion, auroit tiré de sa
poche un papier volant sur lequel il auroit
compté le nombre des Docteurs, qu'il auroit divisez en trois advis, de la difference
& du nombre desquels il se seroit rendu le
seul juge & arbitre, & avec si peu de since-
rité, que plusieurs Docteurs luy auroient
soûtenu qu'il y en avoit plus de soixante
& onze pour exempter ladite Proposition
de Censure, quoy que ledit Sieur Syndic
eust dit qu'il n'y en avoit point davantage,
& luy ayant mesme esté reproché en pleine
assemblée qu'il avoit compté plus de suffrages, qu'il n'y avoit eu de personnes à de-
liberer, il n'a pû se deffendre de ce reproche, qu'en disant que c'estoit les neutres
qu'il

qu'il n'avoit pas compté si exactement;
Que ne pouvant y avoir aucune Censure
legitime sur la Question de Fait , parce
qu'elle ne passoit point aux deux tiers selon l'ancien usage de la Faculté, y compris
mesme le grand nombre des Religieux mandians surnumeraires , dont toutes les voix
ont esté comptées par ledit Sieur Syndic,
au prejudice des Statuts de ladite Faculté,
& Arrests de Nosseigneurs de Parlement,
& de l'opposition nouvellement faite en
deux de ces Assemblées; & n'y ayant point
eu effectivement aucune Censure pronon-
cée, attendu que Me Louis Messier Doyen
n'auroit rien dit , sinon ces deux mots, *Ego*
concludo , sans rien exprimer davantage,
quoy qu'il eust esté interpellé par plusieurs
Docteurs de dire ce qu'il concluoit , luy ,
repetant ces mots, *Quid concludis?* toutefois il a appris qu'on n'a pas laissé de dresser
une prétendue Conclusion de Censure dans
la chambre de Me Alphonse le Moyne sa
principale partie ; Qu'encore qu'il ait eu
tous ces sujets de plainte, & plusieurs autres qu'il passe sous silence, comme plusieurs actes refusez à des Docteurs qui les
ont requis, les interruptions continuelles
dont on a troublé les advis de ceux qui alloient à exempter ladite Proposition de Fait
de toute Censure, le refus de toute Conference

rence reglée, tant à fon égard par la condition qui luy a efté impofée de ne pas venir pour conferer & répondre à ce qu'on avoit à luy objecter, qu'à l'égard de plufieurs Docteurs qui l'ont demandée inftamment pour un entier éclairciffement des Queftions propofées: neanmoins il auroit toûjours diffimulé tous ces fujets de plaintes par un fentiment de refpect envers la Faculté, & par l'amour de la paix. Mais il a appris qu'en procedant à l'examen de la Queftion de Droit commencé le 18. de ce mois, on luy a impofé calomnieufement d'avoir foûtenu dans fa Lettre une Herefie condamnée par le Concile de Trente, & par la Conftitution du Pape Innocent X. à fçavoir que les commandemens de Dieu font impoffibles aux Juftes, quoy qu'il l'ait toûjours condamnée dans tous fes Ecrits, & qu'il la condamne fincerement; Qu'ayant fait prefenter par un ancien Docteur un Ecrit par lequel on pouvoit reconnoiftre plus clairement la pureté de fa Doctrine fur la Queftion qui devoit eftre examinée, on n'a pas voulu en permettre la lecture dans la Faculté, ny deputer aucun Docteur pour l'examiner & en faire rapport à ladite Faculté, quelque inftance qui en ait efté faite par celuy qui l'avoit prefenté de fa part; Qu'aprés quatre Affemblées dans lefquelles chaque opinant

a par-

a parlé aussi long temps qu'il l'a jugé necessaire pour l'établissement de son advis , il est
arrivé qu'un Docteur ayant plus de choses
à dire pour la defense de la Proposition de
sa Lettre , & pour monstrer qu'elle estoit
entierement conforme à la doctrine de saint
Thomas, on l'a interrompu plusieurs fois,
quoy qu'il ne dist que des choses tres necessaires , & on a mesme rompu l'Assemblée
une heure plûtost que de coûtume pour
l'empescher de representer ses raisons; Et le
jour de Lundy dernier il y en eut d'autres,
lesquels n'estant qu'au milieu de leurs avis
furent contraints par Authorité de se taire &
de conclure. Ce qui auroit esté fait sous
prétexte d'une prétendue Conclusion du
dix-septiéme de ce mois , par laquelle on
auroit voulu limiter le temps de chaque advis à une demie heure , quoy que plusieurs
Docteurs se fussent opposez à ladite Conclusion , comme estant inoüie , contraire
aux usages de toutes les Compagnies re-
glées , & nommément à ceux de ladite Faculté , & à la liberté des suffrages ; & qu'en
effet elle n'eust point esté observée dans les-
dites quatre premieres Assemblées, & ne le
pût estre à cause qu'en une affaire de cette
importance , & où il s'agit d'une matiere
de Foy , on ne peut l'examiner comme il
faut sans laisser une entiere liberté à tous les
Do-

Docteurs qui en doivent opiner, d'apporter toutes le preuves tirées des l'Ecriture, des Peres, & des autres principes de Theologie, dont ils veulent appuyer leur advis, ce qui requiert beaucoup de temps. Et d'autant qu'un grand nombre de Docteurs se voyant par ce moyen privez de la liberté de dire les raisons de leurs avis, se sont retirez desdites Assemblées, & ont cessé dés le jour d'hier d'y aller, ledit Sieur Arnauld, aprés avoir protesté comme il proteste par ces presentes de ne se départir jamais de la Foy Catholique Apostolique & Romaine, dans laquelle il a toûjours vécu, & d'estre toute sa vie, comme il a toûjours esté, entierement soûmis à l'Eglise & au Saint Siege, a declaré & declare, qu'il ne peut reconnoistre pour legitime une Assemblée où il n'y a point de liberté à des Theologiens de déduire les raisons de leurs advis, & en laquelle il se trouve tant d'autres defauts essentiels. Et pour toutes ces raisons, & autres qu'il dira en temps & lieu, il proteste de nullité de tout ce qui s'y est fait & s'y fera cy-aprés, & de se pourvoir au contraire ainsi & quand il le trouvera bon estre : dont il a requis acte ausdits Notaires qui luy ont accordé le present pour luy servir en temps & lieu ce que de raison ; & pour le faire signifier à qui il appartiendra, a fait & constitué son

Pro-

Procureur le porteur, luy en donnant pouvoir. Ce fut fait, declaré, requis & protesté
en la maison dudit Galloys l'un desdits Notaires, l'an mille six cens cinquante-six,
le vingr-sixiéme jour de Janvier aprés mi-
dy, & a signé la minute des presentes demeurée vers ledit Galloys Notaire. Signé
Le Caron & Galloys.

*L'An mille six cens cinquante-six le vingt-
septiéme jour de Janvier environ les huit
heures du matin, à la Requeste de M^e An-
thoine Arnauld Prestre Docteur en Theologie
de la Maison & Societé de Sorbonne cy-devant
nommé; l'acte de declaration & protestation
cy-devant écrit a esté par moy Huissier Ser-
gent à Verge au Chastelet de Paris sous-signé,
monstré, signifié, & deüement fait à sçavoir
à Messieurs les Doyen & Docteurs de la Faculté de Theologie de Paris, en parlant pour
eux à la personne de Maistre Louis Messier
Doyen de ladite Faculté, trouvé en Sorbonne á la porte de la Salle où se tiennent ordinairement les Assemblées de ladite Faculté,
& à la personne de Maistre Philippe Bouvot
grand Bedeau & Scribe de ladite Faculté,
aussi trouvé en Sorbonne; & encore au do-
micile de Maistre Denys Guyard Syndic de ladite Faculté au College de Boncourt, en parlant pour ledit Sieur Guyard au Portier dudit
Colle-*

*Collège, à ce que lesdits Sieurs Doyen, Syn-
dic, & Scribe n'en ignorent, & ayent a le
faire sçavoir aux Docteurs de ladite Faculté, & ay laissé à chacun des dessus-nommez
séparément copie, tant dudit acte de declaration & protestation, que du present ex-
ploit, és presence de Jean Petit, Jacques
Labbé, & autres témoins. Signé,* BIER-
MAN.

Nonobstant une protestation si juste &
si raisonnable, on ne laissa pas de passer
outre & de consommer cet ouvrage honteux, sans se mettre en peine de faire vui-
der cette opposition. La presence d'un Chancelier de France, qui faisoit assez hautement connoistre l'intention de la Cour à
ceux qui ont coutume de se regler par ses
mouvements, servoit encore à authoriser,
& pour ainsi dire, à rectifier toutes les voyes
les plus obliques, & à valider les nullitez les
plus visibles. L'Arrest fut prononcé, (car
c'estoit plus un Arrest du Conseil, qu'une
Censure de Sorbonne) & on ne condamna
pas seulement la doctrine de Mr. Arnauld,
ou plutost celle des Peres dont il avoit em-
prunté les paroles, mais encore sa personne, qui fut exclue de la Faculté, par un
jugement par lequel il n'auroit pas voulu
y estre reçu.

La

La conclusion de cette Censure ne fut
pas moins irreguliere que la procedure. Car
de 120. qui furent pour la censure, il y
en avoit le tiers de Reguliers contre l'ordre & l'usage de la Faculté; c'est à dire 40.
au lieu de huit. Ainsi en bonne justice il n'y
auroit eu que quatrevint-huit voix contre
soixante & onze. 2. Si ceux qui estoient
tres recusables, & que l'on avoit en effet
recusez, n'eussent point esté maintenus contre tout droit, le nombre de ceux qui
estoient contre la Censure l'eut emporté
sur ceux qui avoient opiné pour. 3. Les
neutres qui furent comptez fort negligem-
ment, n'estant point pour la censure devoient estre joints à ceux qui s'y opposoient.
4. Enfin en comptant mesme tous les six-
vingt, la censure ne laisse pas de demeurer
trés irreguliere & entierement nulle, parce
que de tout temps l'usage de la Faculté
de Paris à esté que dans les matieres odieu-
ses, telles que sont celles où il est question
d'exclure & de condamner, il faut pour
le moins le tiers des voix, ou mesme un
consentement unanime, pour faire quelque chose de valide.

Je ne dis rien des autres injustices qui
suivirent celles que je viens de marquer:
comme celle d'obliger tous les Docteurs
à signer la censure sous peine d'exclusion,
d'im-

d'impofer ce mefme joug à tous ceux qui fe prefentent pour eftre reçus Bacheliers, & de priver mefme des fuffrages ordinaires aprés la mort ceux qui n'auroient pas rendu cet hommage à la haine des ennemis implacables de Mr. Arnauld, fans en excepter plufieurs Evéques d'un tres-grand merite, tels qu'eftoient M.M. les Evefques de Bazas & de Chaalons fur Marne : fans en excepter mefme un Cardinal Archevefque de Paris, tel qu'a efté Mr. le Cardinal de Retz , un des plus grands ornements du facré College, de l'Ordre Epifcopal, de la Faculté de Theologie & de la maifon de Sorbonne , fur tout depuis fon retour en France.

Dieu a permis de fi grands excés, afin que l'efprit de haine & de vengeance parût dans toute fa vehemence dans ce chef-d'œuvre d'injuftice , & qu'on ne put fe tromper, ni douter de la nullité d'une telle cenfure la voyant reveftue de toutes les marques d'une violente paffion , fans que l'on vit rien qui put les balancer.

Il y a fujet d'efperer qu'un jour la Sorbonne & la Faculté rougiront de la conduite de leurs predeceffeurs. Une grande partie de ceux qui la compofent aujourd'huy n'y ont point eu de part. On a mefme fujet de croire qu'il ne tient pas à cet illuftre

Corps qu'il ne repare une injustice qui ter-
nit si fort l'eclat de sa gloire. Il y a beaucoup de particuliers qui ont témoigné sur
cela leurs desirs à Mr. Arnauld. On sçait
que tout estoit disposé à son retablissement
& à celui de tous les autres Docteurs exclus, quelque temps aprés l'accommodement de 1668. mais des personnes puissantes l'empescherent par l'autorité de la
Cour, & l'empescheroient encore aujour-
d'huy si on y vouloit penser.

Voila quelle est la Censure dont on fait
tant de bruit, & en vertu de quoi on pretend que *Mr. Arnauld peut estre appellé
Heretique, sans qu'il y puisse trouver à redire.* Il faudroit donc à leur compte que
la censure la plus informe, la plus injuste,
la plus chargée de marques de nullitez,
pût ce que ne peut & ce que n'a jamais
pu la plus reguliere, la plus libre, la plus
accomplie de toutes les censures. Les Jesuites ont plus d'interest que personne
qu'on ne tire pas de telles consequences
des Censures Theologiques. Les Garasse,
les Bauny, les Mariana, les Santarel & plusieurs autres particuliers y ont trop d'interest. La Societé mesme toute entiere seroit perdue sans ressource, si son honneur
& son repos dependoient des Censures de
la Faculté de Theologie. Car jamais censure

re fut-elle plus libre, plus reguliere, plus paisible, plus solennelle, plus unanime, que cette celebre censure de Sorbonne, du 1. Decembre 1554. qui, aprés une longue discussion faite par ordre du Parlement, finit par cette conclusion: QUE TOUTES CHOSES DILIGEMMENT EXAMINE'ES ET CONSIDERE'ES, CETTE SOCIETE' SEMBLE PERILLEUSE EN CE QUI REGARDE LA FOY, PROPRE A TROUBLER LA PAIX DE L'EGLISE, A RENVERSER LA RELIGION MONASTIQUE, ET NE'E PLUTOST POUR DETRUIRE, QUE POUR EDIFIER.

Je n'ay jamais ouï dire que soixante & onze Docteurs se fussent opposez à ce jugement, ni qu'il y fut intervenu aucune des irregularitez dont la censure de 1656. est toute couverte, & qui la feront toûjours regarder par les personnes équitables & intelligentes, plûtost comme une approbation de la doctrine de M. Arnauld, que comme une vraie condamnation. Car si la doctrine de ce Docteur avoit esté vraiment mauvaise & digne de censure, auroit-on eu besoin pour la condamner d'y emploier des voies si extraordinaires? Avoit-il assez de credit pour l'empecher, luy qui vivoit alors retiré & éloigné de tout commerce du monde? Auroit-il esté besoin d'y faire intervenir le nom & l'autorité de la Cour prévenuë &

F 2   trom-

trompée, la presence d'un Chancelier de France, & tous les autres moiens dont on a eu besoin pour y reussir ? Et ne paroit-il pas partout ce qu'on y a fait de violences & de procedures irregulieres, que le dessein estoit non de condamner un coupable, mais d'accabler un innocent, & de fletrir une doctrine qui sans tous ces secours n'auroit pu recevoir que l'estime & l'approbation de toute la Faculté de Theologie.

C'est donc la plus grande illusion du monde que de s'imaginer qu'une telle censure doive faire grande impression sur les esprits. En effet elle n'a pas empeché tant de grands Evêques & de sçavans Docteurs de combler de louanges en toutes rencontres ce Docteur censuré & exclu, ni de luy donner la qualité de Docteur : & quand l'accommodement se fit en 1668. ni le Pape, ni le Roy, ni les Evêques, n'en marquerent pas moins leur estime pour ce Docteur ; loin de faire mention de cette censure, ou d'exiger de luy quelque retractation de ses prétenduës erreurs, ou de le faire souscrire à cette censure même.

Cela seul le pourroit consoler, s'il n'avoit pas une consolation plus solide & plus sainte dans l'exemple des Saints & du Saint des Saints, qui ont esté traitez encore plus outrageusement que luy par leurs
pro-

propres freres. Joseph dépouillé, vendu & exilé par les siens; JESUS-CHRIST, dont il estoit la figure, rejetté, blasphemé, crucifié par son peuple; S. Jean Chrysostome, dont la doctrine a esté censurée dans la proposition de M. Arnauld, calomnié & deposé par ses Collegues, exilé à leur instances par l'autorité de la Cour, & mort enfin dans son exil. Tous ces exemples ont quelque chose de bien consolant pour M. Arnauld; mais ils doivent aussi apprendre aux autres à ne pas toûjours juger de la foy & de la probité de leurs freres par les mauvais traitemens que l'iniquité des hommes charnels leur font souffrir.

Si nostre ami s'est laissé emporter jusqu'à present à ces sortes de préjugez à l'égard de ce Docteur, je suis maintenant dans l'impatience de sçavoir comment il en jugera à l'avenir. Il se reposera bien sur moy de la verité des faits, dont je luy fournirai quand il voudra les preuves, qui furent données au public dans le tems même. Je doute que sa lumiere & son équité luy permettent d'en tirer des consequences desavantageuses à M. Arnauld. Mais je vous prie de l'avertir qu'il y en a une à tirer dont peut-estre il ne s'avisera pas. C'est que quoy que ce Docteur ait paru accablé & abymé dans cette occasion, & les Jesuites victorieux & triomphans; il

est

est cependant tres-vrai que ce sont eux qui
y ont tout perdu , & que c'est luy qui y a
gagné son procés avec depens. Car enfin
à quoy tendoient les Jesuites par cette censure si ardemment entreprise , si violem-
ment sollicitée , si puissamment soutenuë , si irregulierement formée , si visiblement injuste & informe ; cette censure qui leur a tant couté , à quoy pre-
tendoient-ils la faire servir ? A donner atteinte à la grace efficace , pour relever leur
Molinisme ; & à perdre M. Arnauld de reputation , & le mettre en état de ne pas nui-
re à la leur. En sont-ils venus à bout ? C'est
tout le contraire. Jamais le Molinisme ne
fut plus decrié. Jamais on n'eut plus de honte de le soutenir. Jamais la doctrine de la
grace efficace ne fut plus affermie , plus souvent ni plus hautement soutenuë en Sorbonne , jamais plus glorieuse ni plus triomphante dans presque toutes les Ecoles de
l'Eglise : & elles ont toutes reçu & embras-
sé avec joye cette nouvelle loy de l'ensei-
gner, que leur imposent ces paroles écrites en
1660. à l'Université de Louvain par le
Pape Alexandre VII. *Nous ne doutons point
que vostre zele singulier pour la science & la
pieté ne vous porte à suivre toûjours & à
embrasser avec un respect tout particulier,
comme vous témoignez que vous faites, les dogmes*

gmes inébranlables, & hors de toute atteinte, des grands Docteurs de l'Eglise Catholique, *S. Augustin* & *S. Thomas.*

Et pour ce qui eſt de M. Arnauld, jamais ſa reputation ne fut plus grande dans le monde. Jamais il ne fut plus eſtimé de toutes les perſonnes de pieté intelligentes & deſintereſſées. Jamais il ne fut plus en eſtat de faire connoître à l'Egliſe les erreurs de la doctrine & les excés de la conduite des Jeſuites ; & s'ils avoient pu prévoir tout ce qui leur eſt arrivé depuis de ce coſté-là, je croy qu'au lieu de le faire exclure de la Faculté de Theologie & de la Maiſon de Sorbonne, où il y avoit longtems qu'il ne paroiſſoit plus par ſon propre choix, ils auroient au contraire emploié tout leur credit pour l'y faire revenir, & pour luy procurer un repos public, où il auroit eſté ſous leurs yeux & ſous leur main ; au lieu de le forcer par leurs vexations à une retraite inconnuë, où ſa perſonne & ſa plume ont trouvé une liberté entiere pour ſervir l'Egliſe & la verité; mais d'une maniere qui ne doit pas trop plaire à la Compagnie, & qui n'eſt pas avantageuſe à ſa reputation.

Troi-

Troisiéme affaire.

LA MORALE RELACHE'E.

LES deux premieres affaires en enfante-
rent une troisiéme. Car les grandes
idées que le Livre de la *Frequente Communion* & plusieurs autres excellens ouvrages
dont celuy-là fut suivi, avoient données
de la Morale Chrestienne, & des dispositions
necessaires pour recevoir utilement les Sacremens de la Penitence & de l'Eucharistie,
ouvrirent les yeux à un grand nombre
d'Evêques, de Curez & de Theologiens
sur les égaremens prodigieux des nouveaux
Casuistes dans la matiere de la penitence,
& sur les devoirs & les pechez des Chrestiens. Comme la pluspart de ces nouveaux
Auteurs sont Jesuites, M. Arnauld avoit
fait vers l'an 1643. un petit abregé de leurs
mechantes maximes sous ce titre : *Theola-
gie Morale des Jesuites.*

L'Université de Paris entreprit aussi environ dans le même tems de faire connoître & condamner leur Morale corrompuë.
Mais ce ne furent que comme de legeres
escarmouches, qui n'eurent pas de grandes
suites. Cette morale pernicieuse ne fut attaquée tout de bon qu'à l'occasion de la
pro-

proposition de M. Arnauld , & pendant qu'on la cenſuroit en Sorbonne. Tout occupé que ce Docteur eſtoit à ſe défendre contre les forces de la Societé & de la Sorbonne unies enſemble , il ne laiſſa pas de porter la guerre juſques chez les Jeſuites mêmes , & de les obliger à ſe mettre ſur la défenſive ; aiant eu part à tout ce qui ſe fit de plus conſiderable dans ce temps-là & dans la ſuite pour la condamnation des Caſuiſtes relâchez.

Il eſt inutile de vous marquer, Monſieur, les grands avantages que M. Arnauld & ſes amis remporterent en cette occaſion ſur les Jeſuites , & combien fut conſiderable le ſervice qu'ils rendirent à l'Egliſe : car vous l'avez ſans doute appris par le gros Recœuil, que j'ay vu dans voſtre cabinet , des Ecrits & des Requeſtes des Curez de Paris , de Rouen & des autres principales Villes de France ; des Cenſures des plus celebres Univerſitez de ce Royaume & du Païs-bas, des Cenſures & Ordonnances des Evêques dont on feroit un volume , & enfin des Decrets de nos ſaints Peres les Papes Alexandre VII. & Innocent XI. qui ont tous foudroié les livres & les maximes de la Morale corrompuë des Jeſuites. Ce fut la conſolation que Dieu voulut donner à ce Docteur dans le tems où il travailloit & ſouffroit perſecu-

fecution pour fa caufe en défendant la grace
du Sauveur, aux depens de fon repos & de
fa reputation. Cette douceur fut le fruit de
fa force & de fon amour intrepide pour la
verité : *De forti egreffa eft dulcedo.* Sa Lettre à un Duc & Pair donna lieu à l'examen
de fa propofition ; cet examen produifit les
quatre premieres Lettres au Provincial fur la
propofition examinée & fur l'injuftice des
Examinateurs. Ces premieres Lettres furent
fuivies de quatorze autres contre les épou-
vantables égaremens des Cafuiftes. Les Curez de Paris & de Rouen en aiant verifié les
citations, & les aiant trouvées tres-fideles, en
demanderent aux Evêques la condamnation. Les Jefuites entreprirent d'en faire
l'Apologie par la plume de leur P. Pirot. Et
cette Apologie fut trouvée fi abominable,
qu'elle attira une nuée de Cenfures de la part
des Evêques, des Univerfitez & du S. Siege :
& quelques années aprés le Pape Alexandre
VII. qui avoit condamné en 1659. cette
Apologie, condamna encore par deux Decrets en 1666. 45. mechantes propofitions;
auxquelles Innocent XI. en ajouta 65. par
fon Decret de 1679. folicité par les Docteurs
de Louvain.

Voila comme Dieu fçait tirer le bien du
mal, faire tomber les mechants dans les
pieges qu'ils tendent aux gens de bien, &
con-

confondre les faux fages & la fauffe fageffe du monde. Car dans le décri general de cette foule d'auteurs nouveaux de la Societé, qui s'eftoient mis comme par voye de fait en poffeffion de juger fouverainement & en dernier reffort de la Morale Chreftienne, & qui s'étoient erigez de leur propre authorité en Maiftres de l'Eglife, on voioit l'accompliffement de ces paroles prophetiques: *Je detruirai la Sageffe des Sages; & j'abolirai la fcience des favans.* Et jamais on n'eut plus de raifon de fe récrier & de dire avec l'Apôtre: *Que font donc devenus les Sages? Que font devenus les Docteurs de la loy? Que font devenus ces Maiftres charnels & ces chicaneurs fi favorables aux cupiditez du fiecle? Dieu n'a-t-il pas enfin convaincu de folie la Sageffe de ce monde?*

Quoique ce foient là les plus éclattantes affaires, qui donnerent lieu à Mr. Arnauld de mettre en ce temps la main à la plume, on peut compter d'autres fervices qu'il rendit à l'Eglife dans le cours de ce fecond âge. Il parut en ce tems-là un livre fous le titre de *l'Ancienne Nouveauté*, compofé par une perfonne dont j'épargne le nom & la memoire, parce qu'il n'a pas perfifté dans les vifions, dont ce livre eft rempli. Car il pretendoit qu'il devoit fe faire de fon tems une Reformation generale de l'Eglife

Ifaie 29. 14.

Ubi fapiens, ubi fcriba, ubi conquifitur hujus feculi? Nonne ftultam fecit Deus fapientiam hujus mundi? *1. Cor. 1. 20.*

se , & que tous les peuples alloient estre convertis à la vraye Foy par un certain Lieutenant de JESUS-CHRIST de la race de Juda , auquel il appliquoit les plus claires Propheties du Messie. M. Arnauld refuta ces visions par un petit livre, qui fait voir son zele pour la defense des Ecritures, & la disposition où il est de ne manquer jamais à la verité , ni à la Religion, quand il les voit attaquées.

Je ne marque point l'ART *de penser*, LA *Grammaire generale & raisonnée* , LES *nouveaux Elemens de Geometrie* in 4°. qui sont des ouvrages de ses heures de loisir & de relache ; parce qu'encore que le public luy en soit obligé, ce ne sont point des livres de Theologie , où l'on puisse le soupçonner d'avoir fait glisser les erreurs des cinq propositions , que les Jesuites trouvent par tout dans ses ouvrages , sans les pouvoir montrer nulle part.

TROISIE'ME AGE.

Durant le second âge, qui dura prés de vingt-cinq ans, M. Arnauld estoit toûjours demeuré , ou caché en divers lieux , ou comme solitaire à Port-Royal des champs. La malignité & le credit des ennemis du livre de la Frequente Communion, l'avoient con-

contraint de prendre ce parti. Car outre que les Jesuites demandoient publiquement son sang & sa vie aux Grands de la terre par des livres imprimez, ils avoient encore entrepris de le faire bannir du Royaume sous pretexte de l'envoier à Rome : & la Reine Regente qui s'estoit d'abord laissée surprendre aux artifices de ses ennemis, en luy en donnant l'ordre, ne luy laissoit que huit jours pour se preparer à ce voiage. Il est vray qu'il ne le fit pas, parce que toute la France se remua pour l'empescher, & que la Reine ayant écouté les Remontrances qui luy furent faites sur cela par MM. les Archevêques & Evesques qui se trouverent alors à Paris, par le Parlement, par la Faculté de Theologie, par la Maison de Sorbonne en particulier, & par toute l'Université de Paris, S. M. arresta elle-mesme l'execution de ses ordres. Cependant la crainte de quelque surprise de la part de la Societé, qui estoit en fureur, l'amour de la retraite, & les divers évenemens qui survinrent dans la suite, l'empescherent de quitter sa solitude.

Ce ne fut qu'en 1668. qu'il en sortit, aprés que dix-neuf Evesques ayant écrit au Pape & au Roy pour la justification des quatre de leurs Confreres, qui avoient fait leur propre cause de celle de M. Arnauld & des autres Theologiens, la paix eut esté

ren-

rendue à l'Eglise de France. L'histoire en
est ailleurs.

Vous ne manquerez pas, Monsieur, de
vous persuader d'abord qu'il n'eut la liberté de paroître, & ne fut reconnu pour bon
Catholique, qu'aprés avoir fait des retra-
ctations, souscrit à la Censure de Sorbonne, renoncé à tous ses sentimens, deman-
dé pardon de tout ce qu'il avoit écrit durant
les contestations. Rien de tout cela. Il fit
ce que firent les quatre Evesques, à qui
certainement on ne demanda aucune retra-
ction. Avec cela, de noir qu'il avoit paru
aux yeux du monde par les calomnies, &
pour ainsi dire, par l'enchantement des Jesuites, il devint blanc comme neige. Le
Pape & le Roy témoignerent estre fort contents de sa foy & de sa conduite. Il eut l'honneur de saluer Sa Majesté, qui le reçut avec
une bonté vraiment Royale. Il fut presenté
au Nonce de S. S. par les Evesques Mediateurs de la Paix ; & il n'en reçut que des
louanges & des témoignages de satisfaction.
Enfin la Lettre que S. M. eut la bonté d'é-
crire aux quatre Evesques, marque en propres termes la satisfaction pleine & parfaite
du Pape sur le sujet de la signature du For-
mulaire, commune aux quatre Evesques, à
M. Arnaud & aux autres Theologiens qui
leur estoient unis. Si vous voulez, Monsieur,

fieur, voir cette Lettre & fçavoir tout le détail de cette affaire de la paix , prenez la peine de lire le *Phantôme du Janfenifme:* il vous développera bien des myfteres ; & j'ofe vous affurer que vous en ferez content.

Pendant cette longue retraite de M. Arnauld, dont M. Nicole fut le fidele Compagnon dans les dix ou douze dernieres années , ils n'eftoient pas tellement occupez à juftifier leur foy, qu'ils ne travaillaffent auffi à juftifier & à defendre celle de l'Eglife, par de fçavans ouvrages qu'ils compoferent contre les Calviniftes. En voicy l'occafion.

M. le Maiftre frere de M. De Saci & neveu de M. Arnauld, fi connu par fes plaidoiez imprimez, & qui à la fleur de fon âge avoit facrifié au defir de fervir Dieu dans la retraite, la plus grande reputation que jamais peut-eftre Avocat ait eue dans le barreau ; ce pieux Solitaire, dis-je, avoit recœuilli ce qui compofe le livre qu'on a imprimé fous le nom d'*Office du S. Sacrement* pour le jour & l'Octave de la Fefte-Dieu, & qui contient outre cela des leçons pour toutes les femaines de l'année , pour fervir à la pieté des Religieufes de Port-Royal (ces Afacramentaires & ces Incommuniantes du P. Brifacier) qui en font l'Office une fois chaque femaine par

une

une devotion & une confecration toute
particuliere, qui les applique nuit & jour
à cet adorable Sacrement. Et ce livre avoit
efté traduit en François par feu M. le Duc
de Luines.

On avoit fait, pour fervir de Préface à cet
ouvrage, un Ecrit fort court où l'on prou-
voit la Perpetuité de la Foy de l'Euchariftie dans l'Eglife. Cet Ecrit, qui ne fut pas
emploié à l'ufage auquel il eftoit deftiné,
tomba manufcrit entre les mains du Miniftre Claude, qui le combattit par un autre
Ecrit. Ce qui obligea à le faire imprimer
avec une refutation de l'Ecrit du Miniftre:
C'eft ce qui fait le volume in 12. qui parut fous ce titre *Perpetuité*, &c. en 1664.

Le Miniftre Claude y ayant fait une
Replique, elle donna lieu au grand & excellent Ouvrage *De la Perpetuité*, &c. en
trois gros volumes in 4º. qui defend le
Myftere de nos Autels d'une maniere fi noble, fi forte & fi convaincante, qu'on peut
dire que c'eft un Threfor pour l'Eglife: &
le Miniftre ayant tenté d'y répondre, fuc-
comba fous ce travail en laiffant les derniers
volumes fans Réponfe.

Le premier volume eftoit fait quand les
conteftations fur la grace furent terminées.
Monfieur le Marechal de Turenne l'avoit
lû manufcrit; & ce livre avec les conferen-
ces

ces qu'il eut avec M. l'Evefque de Chaalons
fur Marne, l'un des Mediateurs de la paix
de l'Eglife, ne contribua pas peu à fa converfion, auffi-bien qu'à celle de Mr. le
Prince de Tarente, à laquelle M. l'Evefque
d'Angers, frere de Mr. Arnauld, eut beaucoup de part, & à celles de M M. les Ma-
rechaux de Duras & de Lorge, & de plufieurs autres perfonnes de qualité de la Religion Pret. Ref. & mefme de plufieurs des
plus confiderables de leurs Miniftres.

Ce volume fut dedié au Pape Clement
IX. par M. Arnauld, que S.S. en fit remer-
cier; & Meffeigneurs les Evêques & les
plus habiles Docteurs s'empefferent à qui
donneroit fon Approbation au Livre, &
fes louanges à l'Auteur.

Lui & fon ami continuerent dans la fuite
du temps à travailler pour l'Eglife en com-
battant les erreurs des Calviniftes, non
feulement par les deux autres volumes de ce
grand ouvrage, mais encore par un grand
nombre d'autres, tels que font, *Le Renver-*
fement de la Morale de JESUS-CHRIST *par*
les erreurs des Calviniftes touchant la Jufti-
fication; qui eft un gros volume in quarto
approuvé par dix Archêveques & Evêques,
La Reponfe generale au nouveau Livre
du Miniftre Claude. Les Préjugez legiti-
mes contre les Calviniftes. L'Impieté de la

*Morale des Calvinistes de nouveau convain-
cue*, &c. auxquels on peut ajouter, *Le
Calvinisme convaincu de nouveau de dogmes
impies*, &c. *Les Prétendus Reformez con-
vaincus de Schisme*; & le livre *De l'unité de
l'Eglise ou Refutation du nouveau Systeme
de M. Jurieu*, qui ont esté une suitte des
premiers, & n'ont paru que longtems aprés.

Le Pape Clement X. estant monté sur la
Chaire de S. Pierre témoigna beaucoup d'e-
stime de M. Arnauld, & desira mesme que
ce Docteur luy envoiât ses Ouvrages, comme il fit; & S. S. luy en fit faire une Lettre
de remerciment.

Le S. Pere Innocent XI. ne reçut pas
moins favorablement les mesmes ouvrages
& la Lettre dont ce Docteur les accompa-
gna pour S. S. La Lettre que ce bon Pape
luy fit écrire en réponse par M. le Cardinal
Cibo, telle que vous la pouvez voir imprimée derriere la Lettre de ce Docteur à M.
l'Evêque de Malaga; les témoignages qu'il
rend à son esprit, à son erudition, à son
éloquence & à sa vertu; la confiance qu'il
témoigne avoir en ses prieres, en luy donnant
sa benediction apostolique par le ministere
de ce Cardinal; & cette inscription de la
Lettre, *Perillustri & admodum Reverendo
D. Antonio Arnaldo* Doctori Sorboni-
co, font assez voir l'impertinence de ces paroles

roles du declamateur dont j'ay parlé, que
M. Arnauld, *à esté retranché du corps de la
Sorbonne, aprés s'estre separé luy-même du
Chef de l'Eglise.* Car il peut apprendre de
cette Lettre, qu'autant que cette separation
à toûjours esté fausse & imaginaire, autant
fait-on peu de cas à Rome de ce pretendu re-
tranchement de Sorbonne, puisque la qualité de *Docteur de Sorbonne* luy est conservée
au nom de Sa Sainteté.

Je ne m'arreste point à vous faire remarquer, que pendant les dix ans qu'à duré ce
troisiéme âge, M. Arnauld a fait à Paris publiquement toutes les fonctions de son ministere, qu'il y a esté honoré de toutes sortes de personnes, Princes, Seigneurs, Prelats; que tout le monde s'y est empressé à
luy témoigner la joye de le revoir, & qu'il
n'a non plus esté question de tout ce qui
s'estoit passé, que s'il n'estoit jamais arrivé.

Enfin si les deux Archevéques de Paris,
& tous les autres Evêques qui avoient plus
de droit & plus d'obligation de s'assurer de
sa foy, l'ont eue pour suspecte, ils ont
bien trompé le monde : car ils ne l'ont jamais distingué des autres Prêtres & Theologiens, qu'en luy faisant plus d'accœuil
& plus de caresses qu'aux autres. On peut
juger de leur sentiment par les approbations
que les Evêques donnerent alors à ses ou-

vrages, & sur tout au premier volume de la grande *Perpetuité de la foy de l'Eucharistie défenduë*, *&c.* car ces approbations estant données dans le tems où à peine l'accommodement des contestations estoit conclu, & plusieurs mesme avant que M. Arnauld fut sorti de sa retraite, les louanges & les éloges qu'ils luy ont donnez doivent bien persuader qu'ils ne l'avoient jamais regardé comme un homme suspect en la foy, ni separé de l'Eglise.

Je vous ferai plaisir sans doute de vous mettre devant les yeux quelques fragmens de ces Approbations; afin que comme vous avez vû par les extraits des Approbations des vingt-sept Evêques, ce qu'ils pensoient de ce Docteur, lors qu'il défendoit la sainteté de nos mysteres contre les abus des Catholiques, vous puissiez aussi juger de l'estime qu'ils faisoient de la pureté de sa foy & de la pieté de ses mœurs, dans le tems où il soutenoit la verité de ces mêmes mysteres contre les heretiques. Car s'il avoit esté auparavant dans quelque soupçon de schisme ou d'erreur, c'eut esté quelque chose de fort extraordinaire à des Evêques, de le louer comme ils faisoient, sans faire mention ni de changement ni de retractation. Mais ce qui est bien davantage, c'est que quelques-uns le justifient ouvertement

tement & expreſſement contre les calomnies que l'on avoit repanduës contre luy
durant les conteſtations ſur la grace.

On trouve donc à la teſte de ce premier
volume les Approbations de vint-ſept tant
Archeveſques qu'Eveſques (en comptant
ceux qui l'ont eſté depuis) dont trois ſont
maintenant Cardinaux de la ſainte Egliſe
Romaine : M. le Cardinal d'Eſtrées, Docteur de Sorbonne, alors Eveſque de Laon,
Duc & Pair de France ; M. le Cardinal le
Camus Eveſque & Prince de Grenoble,
Docteur de Sorbonne, alors Conſeiller &
Aumonier du Roy, & M. le Cardinal de
Forbin de Janſon, alors Eveſque de Mar-
ſeille, & maintenant Eveſque Comte de
Beauvais & Pair de France. Et outre qu'entre ces trois Cardinaux, les deux Archevêques & les vint-deux autres Eveſques, il
y en a douze Docteurs de la Faculté de
Theologie de Paris, appellée vulgairement
la Sorbonne, on y voit encore les Approbations de plus de vint autres Docteurs de
la meſme Faculté.

Je rapporterai peu de choſe de ce qui ne
concerne que l'approbation & la louange
du Livre. Ce qu'on peut dire en general,
eſt qu'on ne peut rien ajouter aux éloges
qu'ils luy donnent, comme à un ouvrage
d'un prix ineſtimable, & qui ſurpaſſe tout

ce

ce qui avoit esté fait jusqu'alors sur cette matiere, & mesme toutes les esperances qu'on en avoit conçues par l'idée qu'on avoit du merite des Auteurs. Je remarquerai seulement ce qu'il y a de particulier en leur faveur.

M. DE GONDRIN Archevêque de Sens, commence par marquer *l'estime particuliere qu'il a toûjours faite de la pieté & de l'erudition des Auteurs de ce Livre : où il y a,* dit-il, *tant de beauté, de lumiere, & de solidité, que nous ne pouvons qu'admirer ce que peut la verité dans les esprits qui font leur plus grande gloire de la suivre & de la défendre. Il espere qu'il contribuera à faire rentrer les heretiques dans le sein de l'Eglise, & nous croions mesme,* ajoute ce Prelat aprés un long éloge, *que c'est la recompense que Dieu a reservée à l'amour que ces sçavans Theologiens ont toûjours fait paroître pour l'unité de l'Eglise, & que pour couronner leur fidelité & leur attachement inviolable à cette sainte Epouse de* JESUS-CHRIST, *il se servira de cet ouvrage pour retirer tant de personnes du schisme,* &c. Enfin il demande à Dieu *qu'il luy plaise d'inspirer à ceux qui le liront le même esprit de Religion & le même amour de la verité avec lequel il paroist avoir esté fait.* Voilà d'étranges heretiques & des schismatiques d'une espece
bien

bien nouvelle, qui femblent deftinez de Dieu à faire rentrer les heretiques dans la foy, & les fchifmatiques dans le fein de l'Eglife, en recompenfe de leur amour pour fon unité ; qui font pleins de pieté, d'amour de la verité, de l'efprit de Religion, & qui font leur plus grande gloire de fuivre la verité & de la défendre,

M. LE TELLIER Archevêque Duc de Reims, premier Pair de France, reproche au Miniftre Claude, *d'avoir craint d'avoir affaire à M. Arnauld ; puifqu'en le voulant rendre fufpect parmi les Catholiques dans fon dernier Livre, il veut luy ofter la creance que fon merite & fa profonde erudition luy ont acquife ; Que pour tàcher d'éviter ce qu'il prévoit, il a recours à un moien tout à fait indigne d'un honnefte homme, en voulant déchirer la reputation d'un Theologien tres-Catholique par une calomnie fi noire, qu'elle doit faire horreur à tous ceux qui liront la Préface & le premier chapitre de fon dernier volume, &c.*

M. PAVILLON Evêque d'Alet dit, *que l'Auteur de cet ouvrage aprés avoir tàché de remedier par le Livre de la Frequente Communion, à l'abus que plufieurs Chreftiens font de l'Euchariftie, en montrant par les oracles de l'Ecriture, par les fentimens des Peres & par les Decrets des Conciles, avec*

 quel-

quelle pureté on s'en doit approcher selon la discipline sainte que l'Eglise a toûjours desiré qu'on y observât, il entreprend de défendre dans celui-ci la verité de ce divin Sacrement contre ceux qui la combattent . . . . *Nous esperons aussi*, ajoute ce saint Prelat, *qu'un Livre si avantageux à l'Eglise attirera beaucoup de graces & de benedictions sur son Auteur, & qu'il achevera de dissiper tous les nuages dont quelques personnes préoccuppées ou malicieuses ont tâché jusqu'à present de le noircir. Ce sont les vœux & les souhaits que nous nous sentons obligez de faire en cette rencontre, & dont nous avons cru devoir accompagner l'approbation que nous donnons à cet ouvrage.*

M. VIALART Evêque Comte de Chaalons, Pair de France, met l'auteur au nombre *des hommes admirables en science & en vertu que Dieu a suscitez pour defendre la verité du mystere de l'Eucharistie:* & assure qu'*entre tous les livres qui ont servi à ce glorieux dessein il n'y en a point ni de plus fort, ni qui apparemment puisse estre si utile à l'Eglise que celui-cy &c.*

M. DE CHOISEUL DU PLESSIS-PRALAIN Evêque de Comenge, & depuis de Tournay; M. DE MARMIESSE Evêque de Conserans, & M. DE BERTIER Evêque de Rieux, ont cela de particulier dans leur Ap-

Approbation donnée en commun, aprés en avoir conferé ensemble, qu'ils nomment *M. Arnauld Docteur de la Societé de Sorbonne*, comme s'ils nous avoient voulu marquer qu'ils ne l'en croioient pas exclu, & qu'ils regardoient la Censure de Sorbonne comme illegitime & de nulle valeur.

M. DE PERICARD Evêque d'Angoulême nous rend temoignage du fruit qu'avoit déja fait ce livre avant même qu'il fut imprimé, & on voit bien qu'il veut marquer la conversion de Monsieur de Turenne. *Et enfin*, dit-il, *que ne peut on point attendre d'un livre qui, pour ainsi dire, avant sa naissance, a produit par la grace de Dieu un effet qui donne de la joye à tout le monde Catholique, & un grand exemple à celui qui ne l'est pas.*

M. ARNAULD Evêque d'Angers *approuve le Livre de toute la plenitude de son cœur, comme un ouvrage trés-utile & trés-avantageux à l'Eglise:* Mais estant frere de M. Arnauld, il n'avoit garde de donner des louanges à l'auteur.

M. DE LA VAL DE BOIS-DAUPHIN Evêque de la Rochelle, dont le Diocese estoit rempli de Protestants, commence ainsi; *Le Livre de la Perpetuité de la foy de l'Eglise Catholique sur l'Eucharistie ayant produit tant & de si bons effets dans tous les lieux*

lieux où il a paru, & principalement dans
nostre Diocese, où il a beaucoup servi à la
conversion de plusieurs personnes qui estoient
trés-considerables parmi ceux qui font profes-
sion de la R. P. R. nous ne doutons pas que
ce second ouvrage n'ait un succés encore plus
avantageux, & que Dieu y donnant sa be-
nediction il n'acheve de convaincre les autres,
que le premier a déja fortement ébranlez....
Il s'attend (dés le 30. May 1668. avant
la paix de l'Eglise) que *l'auteur consacrant*
tous ses travaux à la defense de l'Eglise, il
emploira les talens avantageux qu'il a reçus
de Dieu, à éclaircir avec la même netteté &
la mesme force d'esprit les autres controver-
ses que nous avons avec les heretiques, &c.

M. De Guron Evêque de Tulle. *Le*
fruit, dit-il, *que le livre de la Perpetuité*
de la Foy de l'Eglise touchant l'Eucharistie
a causé dans nostre Diocese, nous a fait sou-
haiter que la Providence divine engageât son
Autheur à defendre non seulement ce Myste-
re adorable, mais encore les autres points
principaux, &c. Il approuve avec un grand
éloge le Livre, & ajoute; *Tant de Prelats*
& de Docteurs en portent le mesme jugement
que nous ne pouvons assez nous étonner de
la temerité du Ministre Claude, d'avoir avan-
cé que l'Auteur de ce Livre estoit un parti-
culier desavoué de l'Eglise Romaine, & qu'on
re-

refusoit d'y approuver la Replique qu'il avoit faite contre luy. Mais c'est un Ministre & un ennemi public du S. Sacrement qui parle, & qui tâche de decrier son adversaire : & c'est une chose assez ordinaire ; quoi qu'un homme prudent fut obligé de se mieux informer de ce qu'il dit. Mais nous ne pouvons supporter, & tous les fideles doivent gemir, de voir que mesme des Theologiens Catholiques aient entrepris de diffamer l'Auteur de la Perpetuité, & d'ôter s'ils pouvoient la force à son ouvrage, en tâchant de le rendre suspect, supposant qu'il est separé de l'Eglise, dans le sein de laquelle il a toujours vêcu ; & lui imputant trés-faussement de tenir que dans l'Eglise Romaine il s'est fait un changement touchant la grace victorieuse sans qu'on s'y soit opposé. C'est ce qui nous paroist si éloigné de sa pensée, qu'il est certain par les preuves qu'il en a données, qu'il croit au contraire, que ç'a toujours esté là la doctrine de l'Eglise Romaine, quoique quelques-uns s'en soient écartez. C'est ce que nous avons cru devoir remarquer dans nostre Approbation, estant juste de defendre la reputation & la Foy de celui qui combat pour l'Eglise, & qui s'expose à la haine de ses ennemis, contre tous ceux qui l'attaquent injustement.

M. De Ligni Evêque de Meaux, juge

ge ce Livre *si convaincant & si utile au pu-*
blic, qu'il est persuadé qu'il faut estre aban-
donné du secours de la grace & de la raison,
pour ne pas demeurer d'accord aprés l'avoir
lu, que la creance presente de l'Eglise Romai-
ne sur le mystere de l'Eucharistie, est celle
qu'elle a tenue dans tous les temps, &c.

M. DE MONT-GAILLARD Evêque de
S. Pons, dit que *si la conversion des here-*
tiques de ce temps dependoit seulement de
leur conviction, ce livre convertiroit infail-
liblement les doctes & les ignorans, les doci-
les & les obstinez, puisqu'il n'est pas possible
de resister à la force des raisonnements dont ce
Traitté est rempli: & demande à Dieu *qu'il*
veuille donner la grace & le loisir à ce puis-
sant genie, qui est l'auteur de cet ouvrage,
de travailler sur tous les autres points, &c.

Mr. DE MONCHI D'HOQUINCOUR
Evêque de Verdun en parle comme d'un
Livre *incomparable* en toutes manieres.

M. l'Evêque Duc de Laon (aujourd'ui
LE CARDINAL D'ESTRE'ES) dans
son Approbation en forme de lettre à un
Ministre d'Estat, aprés un eloge auquel
on ne peut rien ajouter, demeure *per-*
suadé qu'on n'a pas encore vu une victoi-
re plus complette: & dit que *Mr. Arnauld*
travaille si heureusement sur ces sortes des
sujets, qu'il n'y a personne qui ne doive se
re-

réjouir de la resolution qu'il a prise d'achever sa vie dans une si sainte & si glorieuse oc-
cupation. Il n'a pas tenu à lui, & il l'a fait
mesme depuis sa retraite en la maniere que
son estat le luy a permis. Mais ceux qui
lui ont suscité d'autres adversaires, de
qui le Ministre Claude s'est toujours fort
loué, comme leur aiant de singulieres obli-
gations, ont mis Mr. Arnauld dans l'impuissance de suivre sa resolution. Le repos,
la liberté du commerce avec toutes sortes de
gens, l'abondance de Livres, & beaucoup
d'autres choses dont il est privé, estant necessaires pour un travail de cette nature. Et
puis de quelle utilité seroient pour les Calvinistes de France des Livres françois qui
n'y auroient pu entrer mesme en temps de
paix : les Jesuites ayant fait saisir &
supprimer autant qu'ils ont pu, *l'Apologie
pour les Catholiques*, dont nous parlerons,
un des Livres qui pouvoit plus servir à la
conversion des Huguenots.

M. Bossuet, alors Doien de l'Eglise
Cathedrale de Mets & Docteur de Paris,
depuis Precepteur de Monseigneur le Dau-
phin & Evêque de Meaux, a un droit si particulier d'estre écouté sur ces matieres, &
se connoist si bien en catholicité, que son
approbation merite une attention singuliere.
Il se tient si assuré que *ce Livre est tres-pro-*

pre

pre & tres-efficace pour ramener à la foy Catholique Apostolique & Romaine ceux qui
s'en sont écartez, qu'il ne fait pas difficulté de dire, *qu'il ne faut plus qu'ouvrir les
yeux pour voir devant soy la voie de la verité toute applanie*, & que M. Arnauld n'a
pas seulement établi tout ce qu'il a promis,
d'une maniere invincible, & qui porte la
preuve jusqu'à l'évidence de la demonstra-
tion; mais qu'il a outre cela donné des principes par lesquels on peut composer tout un
corps de controverses. Je ne sçay si on pourra s'imaginer que ce Prelat ait cru l'Auteur
capable de se detacher le moins du monde
de la foy & de l'autorité de l'Eglise, aprés
ce qu'il ajoute en ces termes : *Mais ce qui
me touche le plus dans tout son ouvrage,
c'est qu'il y a répandu & appuié par tout les
saintes & inebranlables maximes, qui atta-
chent les enfans de Dieu à l'autorité sacrée
de l'Eglise, toûjours presente pour les ensei-
gner dans tous les siecles, &c.*

M. LE CARDINAL LE CAMUS Evêque
& Prince de Grenoble, *est convaincu qu'on
ne pouvoit pas mieux défendre la foy de l'E-
glise Catholique, ni mettre dans un plus beau
jour les preuves du mystere adorable de l'Eucharistie ; il espere que ce Livre contribuera
beaucoup a la conversion de ceux qui sont engagez dans l'erreur*, & dit qu'il n'y à qu'à
exhor-

exhorter *l'Auteur à continuer ce penible & glorieux travail.*

M. LE CARDINAL DE FOURBIN DE JANSON Evêque Comte de Beauvais, Pair de France, alors Evefque de Marfeille, affure de ce Livre, *que tout y eft folide, exact, lumineux & conforme à la Foy de toute l'Eglife; qu'il en fçait menager tous les avantages; que les principes qu'il établit donnent de fi grandes ouvertures, qu'ils s'étendent infiniment plus loin que les matieres dont il parle expreffement; qu'il infpire par tout un efprit vraiment Catholique, c'eft à dire, vraiment attaché à l'autorité de l'Eglife..... C'eft pourquoy,* conclut fon Eminence, *nous avons cru qu'il eftoit de la juftice d'appuier par noftre autorité un ouvrage fi édifiant & fi utile, & de rendre à celuy qui en eft auteur ces témoignages d'eftime & de gratitude que nous avons cru luy devoir.*

M. FOUQUET Evefque d'Agde, aprés avoir mis M. Arnauld au rang *des fçavans & faints Docteurs que le Saint Efprit à fufcitez dans tous les tems de l'Eglife pour expliquer la verité du Sacrement de l'Euchariftie & pour en établir le bon ufage;* continue ainfi: *Mais c'eft l'effet d'une providence toute particuliere, qu'aiant autrefois engagé par une rencontre imprévue l'Auteur du*

Li-

Livre admirable de la Frequente Commu-
nion, & de celuy de la Tradition de l'E-
glife, à ramaffer les enfeignemens des faints
Peres pour ufer legitimement du Corps de
Jesus-Christ dans l'Euchariftie, elle ait
depuis fait naître une occafion qui l'a obligé
de défendre la realité du Corps vivant de
Jesus-Christ dans le Sacrement de l'Au-
tel: afin que le même qui avoit fi folidement
inftruit les fideles, par les regles certaines de
la Tradition, des preparations neceffaires pour
participer avec fruit à l'Euchariftie, con-
vainquit les Sacramentaires d'une maniere
invincible de la foy de ce myftere, par la de-
monftration de la Perpetuité d'une même
creance dans l'Eglife depuis Jesus-Christ
jufqu'à nous......Les premiers fruits de ce
Livre font illuftres, dit-il plus bas en indi-
quant la converfion de M. de Turenne; *les*
efperances qu'on en doit concevoir font gran-
des, &c.

M. Antoine Godeau Evêque de
Vence, une des plus grandes lumieres de
l'Eglife de France, comme fes ouvrages le
font connoiftre, fe trouve le dernier dans
l'ordre des Approbateurs, parce que fon
Approbation vint trop tard pour eftre mife
en fon rang. Elle eft fi avantageufe qu'on
ne pouvoit fermer plus heureufement les
extraits de ces Approbations Epifcopales, qui
for-

forment comme un grand Concile d'Evêques, & comme un Synode national assemblé en faveur de M. Arnauld. Le Livre
de *M. Arnauld de la* Perpetuité de la foy
sur l'Eucharistie contre le Ministre Claude,
dit ce Prelat, *est ce me semble le dernier
coup de massue par lequel le Fils de Dieu
veut atterrer l'heresie de Calvin … Le diable,* dit-il plus bas, *a suscité contre l'Eglise un trés-puissant ennemi en la personne du
Ministre Claude, & il lui avoit fourni des
armes lumineuses & fortes en apparence pour
combattre la verité. Sa secte n'avoit pas eu
encore de Defenseur si agreable. Mais le Fils
de Dieu en mesme temps a donné à son Eglise un Docteur de sa verité éclairé de ses veritables lumieres, & si fort rempli de son
Esprit, qu'il a dissipé toutes les illusions de
son adversaire, & qu'il a fait demeurer victorieuse de la fausse subtilté de l'erreur la
doctrine solide de la verité. Ce Defenseur avoit
esté dans un estat où il n'avoit pas eu la liberté de deploier ses armes pour la defense de
l'Eglise. Mais la providence divine à pre-
mierement fait plusieurs miracles pour le mettre en liberté de servir sa Mere ; & aprés
elle lui a donné toutes les graces qui estoient
necessaires pour la faire triompher. Son premier Livre de la* Frequente Communion,
est pour remedier à la profanation du trés-

H

Saint

Saint Mystere de l'Eucharistie, qui n'est que trop frequente en nostre siecle. Celui-cy en defend la verité si solidement, que je ne doute point qu'il ne trouve autant d'approbateurs, qu'il aura de lecteurs.

Je n'ay pas dessein de m'étendre sur les Approbations des Docteurs en Theologie. Il y a neanmoins des endroits qui meritent d'estre remarquez. Quand je voy à la teste de ces vint-quatre Docteurs (sans compter ceux qui estoient alors Evêques) le Doien de la Faculté de Theologie de Paris, M. de Mincé Docteur de la Maison de Sorbonne, il me semble que je voy cette Illustre Faculté assemblée en corps dans les plus celebres de ses membres, pour reparer avec une parfaite liberté à la vue de toute l'Eglise, l'injure qu'une partie de ce corps avoit faite à M. Arnauld dans l'affaire de la Censure, violentée en la maniere qu'on l'a rapporté, & abandonnée de plus de soixante & dix des plus savans & plus pieux, qui aimerent mieux estre exclus avec M. Arnauld, que de demeurer sans lui dans la Faculté en consentant à la Censure la plus injuste qui fut jamais.

L'Approbation de Monsieur le DOIEN DE LA FACULTE' est pleine d'éloges tres-avantageux pour le livre & pour l'Auteur. Il luy rend le nom & la qualité de Do-

CTEUR,

CTEUR, en concluant (plus courageuse-
ment & plus raisonnablement que le Doien
de la Censure, qui conclut sans rien conclure) en concluant, dis-je, *Que l'heresie*
ne peut estre plus fortement attaquée, ni
l'Eglise de Jesus-Christ *plus puissamment*
defendue que par la plume de cet EXCEL-
LENT DOCTEUR.

M. PORCHER un des plus anciens Docteurs, qui n'avoit jamais donné son Approbation à aucun ouvrage, voulut la donner à celui-cy, qu'il regarde comme *un*
fruit de la paix ; & rendre témoignage au
merite de son *Illustre Auteur.*

M. LE VAILLANT Curé dans Paris &
auparavant Theologal de Reims dit, que
le merite de l'Auteur est connu de tout le
monde : & cet ouvrage, dit-il, *n'avoit be-*
soin d'autre éloge que de son nom. Et il conclut par assurer que *l'Auteur paroîtra toû-*
jours aux personnes non passionnées avoir esté
inseparablement attaché à l'Eglise Catholi-
que, Apostolique & Romaine.

M. DU HAMEL Chanoine de l'Eglise de
Paris, qui par un rare exemple quitta une
chanoinie de la Metropole & Capitale du
Royaume, pour aller servir une Eglise de
Village loin de Paris, appelle ce livre *un*
chef-d'œuvre de lumiere.

M. CHASSEBRAS Curé de Paris, & l'un

H 2

des

des deux Archiprêtres, commence en ces termes : *La reputation que s'eſt acquiſe l'Auteur de ce livre, peut luy ſervir d'approbation. L'ouvrage de ſoy merite les louanges & l'applaudiſſement de tous les Catholiques*, &c. Il marque enſuite les converſions de M. de Turenne & d'autres perſonnes de qualité qui avoient abjuré le Calviniſme : *Mais qui conſiderera d'ailleurs le fruit merveilleux que l'Egliſe a déja reçu de cet ouvrage, les riches dépouilles qu'elle vient de remporter ſur le parti ennemi, & tout le bien qu'elle en pourra encore retirer ; il ſera de mon ſentiment, que l'Egliſe eſt obligée à l'Auteur d'avoir quitté ſa ſolitude, éclattante déja du bruit de ſa renommée, & toute glorieuſe de ſes victoires, afin de ſe ranger dans le nombre de ſes combattans qui defendent les veritez Catholiques.* Enfin il finit par ces paroles : *Je ſouhaite que le Ciel & la terre repandent à pleines mains ſur luy leur amitié & leur benediction, comme ſur le Defenſeur intrepide de la verité, pour avoir donné au public cette Replique, que j'eſtime tres Catholique.*

M. QUERAS Vicaire General de M. l'Archevêque de Sens, nomme ce livre *une des plus rares & des plus riches productions de noſtre ſiecle*, &c.

M. FORTIN Proviſeur du College d'Harcour : *Nous devons*, dit-il, *rendre mille graces*

ces

ces à Dieu de nous avoir donné des Docteurs remplis de zele & de science pour defendre la verité de ce Sacrement d'amour C'est en quoi l'Auteur de ce livre a surpassé tous les Ecrivains de ce tems, &c.

M. GOBILLON Curé de S. Laurent: *Nous croions,* dit-il, *qu'un ouvrage si important pour l'Eglise en sera reçu avec toute sorte d'estime & d'approbation; & nous esperons.... que Dieu, qui a commencé à luy donner des benedictions favorables par de glorieux succés, avant même qu'il ait paru en public, les continuera dans la suite avec abondance.* Il n'est pas necessaire d'avertir que c'est de la conversion de M. De Turenne que parle ce Docteur.

M. ROULLAND maintenant Chanoine & Prevost de l'Eglise de Reims, dit que *l'Esprit de Dieu a conduit la plume de l'Auteur, lors qu'il a composé cet admirable ouvrage; & que cet Auteur, qui a tant de fois combattu pour la defense de la Verité, aura l'avantage de faire paroitre à la face de tout l'Univers la foiblesse de son adversaire,* &c.

M. LE FERON: *L'on ne sçauroit,* dit-il, *trop donner de louanges à l'Auteur, & aprés tant d'approbations avantageuses qui luy ont esté données par de si celebres & de si illustres Prelats, & par tant de sçavans Docteurs, il ne me reste plus qu'à louer Dieu d'avoir sus-*

cité

cité dans nos tems des personnes qui defendent la Verité de son Eglise avec tant de force, &c. Dieu veuille répandre ses benedictions sur le travail de ce sçavant Theologien, & que pour recompense de ses peines il obtienne du Ciel la conversion de tant de personnes qui sont engagées dans l'erreur.

M. ROBERT, maintenant Professeur en Sorbonne, Chanoine & Grand Penitencier de l'Eglise de Paris, veut sans doute parler de M. de Turenne quand il dit, que *l'effet confirme déja les esperances qu'on avoit conçües de cet ouvrage, & nous fait voir qu'il est capable de ramener à l'Eglise les plus habiles de ses ennemis.*

Je ne sçay, Monsieur, si vous trouverez que j'aye fait une chose superflue & inutile, en vous remettant devant les yeux les sentimens avantageux, que les Evesques & les Docteurs ont eus de M. Arnauld; mais il me semble que cela estoit comme necessaire, pour effacer de l'esprit de nostre ami les mauvaises impressions dont il s'est laissé prévenir contre ce grand homme. Si elles estoient fondées sur une méchante doctrine extraite de ses livres que l'on produisit pour le convaincre d'erreur; si l'on faisoit voir des Sentences de son Evesque, ou des Decrets du S. Siege, qui le declareroient heretique; il faudroit s'y prendre d'une autre ma-

maniere pour le juſtifier. Mais je ne vois
rien de tout cela. J'entens ſeulement une
voix confuſe qui s'eſt formée, je ne ſçay
comment, de quelques libelles de Jeſuites,
des clameurs de quelques Religieux & de
quelques gens du peuple, qui ne parlent
que comme on les fait parler, & qui ne
ſçavent pas même dequoy il eſt queſtion.
Il eſtoit donc neceſſaire de former une autre voix qui parlât en faveur de M. Arnauld;
& il n'y en a point que l'on doive écouter
avec tant de reſpect, ni à qui l'on doive
plus de creance en matiere de foy & de doctrine, que celle des Papes, des Cardinaux, des Eveſques & des Docteurs : &
ceux qui oſent élever leurs cris ſeditieux au-
deſſus de la voix des Paſteurs, dont Jesus-Christ même a dit : *Celuy qui vous
écoute, m'écoute; & celuy qui vous mépriſe, me mépriſe* ; ne peuvent eſtre excuſez
d'un tres grand peché, & d'une temerité
ſcandaleuſe.

Car où en ſeroient les Theologiens les
plus Catholiques, ſi leur reputation dépen-
doit de quelques Religieux ou intereſſez à
les décrier parmi le peuple, ou nullement
inſtruits des choſes, ou animez d'un faux
zele, ou indiſcretement alarmez pour la doctrine de la Foy ? A quoy ſeroient-ils reduits, s'il falloit préferer les ſentimens d'u-

ne

ne poignée de gens sans autorité & souvent
sans science , à l'approbation des plus sçavans Docteurs, & au jugement des Evesques, qui ont seuls aprés le Pape le droit &
l'autorité de juger de la doctrine des Theologiens ? Il n'y aura donc personne de raisonnable , qui pour connoitre si M. Ar-
nanld a des sentimens contraires à la Foy,
ne préfere le jugement doctrinal des Theologiens de la premiere Université de l'Eglise
donné avec toute la liberté possible , & le
jugement d'autorité des plus sçavans & plus
pieux Evesques d'une des plus florissantes
Eglises du monde, à un bruit de ville & à
des accusations vagues , indeterminées &
sans preuves , semées dans le monde par quelques personnes, qui n'ont droit de parler
dans l'Eglise qu'autant que les Evesques le
leur permettent.

Faites donc en sorte , Monsieur , que
nostre ami mette dans une juste balance, d'u-
ne part ceux qui luy ont fait prendre de
M. Arnauld des idées si desavantageuses à
sa reputation , & de l'autre tant d'Evesques
& de Docteurs , qui en toutes rencontres
ont justifié, autorizé, & comblé de louanges la doctrine , la foy & la vertu de ce Docteur , comme il le peut remarquer dans
les quatre grandes Affaires dont je vous viens
de parler.

Dans

Dans l'affaire de la *Frequente Communion* vingt-sept Evefques & vingt Docteurs.

Dans l'affaire de *la grace* plus de vingt-cinq Evefques, c'eft à dire, les 19. qui écrivirent au Pape & au Roy, les quatre celebres qui avoient pris fait & caufe pour Mr. Arnauld, & plufieurs autres qui comme Docteurs, le defendirent en Sorbonne, & qui ne voulurent point prendre de part à la Cenfure. Aufquels on peut ajouter feu Mr. le Cardinal de Retz Archevefque de Paris, à qui on n'a pas accordé en Sorbonne les prieres qui luy eftoient dûes aprés fa mort comme Docteur de la Faculté & de cette Maifon, par cette feule raifon, qu'il n'avoit pas figné la Cenfure contre Mr. Arnauld. Dieu l'a permis ainfi, afin que l'on n'ignorât pas dans les tems à venir, que ce fçavant Cardinal, qui a mené une vie fi exemplaire dans fes dernieres années, avoit rendu témoignage à l'innocence de M. Arnauld.

Dans l'affaire de *la Morale* ce grand nombre d'Evefques qui cenfurerent la méchante Morale des Jefuites fur la dénonciation publique de M. Arnauld & de fes amis, & toutes les Univerfitez Catholiques les plus celebres qui la condamnerent auffi en leur maniere.

Dans l'affaire de la *Perpetnité de la Foy,* vingt-

vingt-ſept Eveſques, dont trois ſont Cardinaux; & plus de vingt Docteurs.

Voilà, Monſieur, dequoy faire un grand
Concile, ou en aſſamblant tous ceux que
je viens de marquer, ſe trouveroient quatre
Cardinaux & pluſieurs autres qui l'ont honoré de leur amitié & de leurs lettres; prés
de cent Eveſques; deux cens Docteurs au
moins: & l'on pourroit mettre à la teſte de
ce Concile cinq ou ſix Papes, qui en diverſes
rencontres ont témoigné eſtre tres ſatisfaits
de la foy & de la conduite de M. Arnauld.

C'eſt aſſez parler du troiſiéme temps qui
auroit duré davantage, ſi les Jeſuites qui
n'ont jamais pu pardonner à M. Arnauld,
n'avoient abuſé du credit qu'ils ont à la
Cour, & de la confiance du Roy pour tâcher
d'inſpirer à S. M. de la defiance de ſa conduite & de l'irriter contre luy. Les faux rapports
qu'ils faiſoient ſans ceſſe au Roy de caballes
imaginaires, d'aſſemblées qui ſe faiſoient chez
lui, & de certains pretendus ralimens; la
peine que l'on faiſoit aux quatre Eveſques
en toutes ſortes d'occaſions & dans leur
perſonne, & dans celle de leurs Eccleſiaſtiques; les ordres fâcheux qui furent portez
à Port-Royal par l'Archevéque de Paris,
pour en chaſſer les Eccleſiaſtiques du dehors, défendre aux Religieuſes de recevoir ni Novices, ni Penſionnaires, &
renvoyer

renvoyer celles qu'elles avoient; tout cela fit
bien juger aux perſonnes intelligentes que
les Jeſuites avoient de mauvais deſſeins, &
que la paix de l'Egliſe leur eſtoit à charge.
On pretend avoir ouï dire à l'un d'entr'eux,
qu'ils avoient ſolicité le Roy tres-Chrêtien
de s'aſſurer de la perſonne de M. Arnauld,
mais que S. M. qui a toûjours eu de la
bonté pour luy avoit rejetté cette propoſition. Ce ne fut pas en effet la crainte d'un
tel accident qui le fit reſoudre à rentrer dans
ſon premier genre de vie en ſe dérobant à la
vue & à la converſation des hommes. Il crut
que ne pouvant remedier aux autres maux,
dont il voyoit avec douleur que l'on com-
mençoit de troubler l'Egliſe & d'exercer la
patience des Eveſques, des Eccleſiaſtiques
& des Religieuſes avec qui il eſtoit uni, il
feroit bien au moins d'arreſter autant qu'il
pouvoit le cours de ces faux bruits de caballes & d'aſſemblées; & que ne pouvant ſe
diſpenſer de recevoir chez luy ſes parens,
& beaucoup d'autres perſonnes que les
conſultations, & ſa reputation y attire-
roient, tant qu'il ſeroit expoſé à leurs
viſites, il n'y avoit pas de meilleur moien
de les empecher & d'oſter par là tout pretexte à la calomnie, que de ſe retirer dans un
lieu qui leur fût inconnu. C'eſt la raiſon
dont il rendit compte à M. l'Archeveſque
de

de Paris & à feu M. le Chancelier, peu de
tems aprés sa retraite.

Je ne sçay si les bons Peres y ont beaucoup gaigné, & s'il ne leur eut pas esté plus
avantageux de le laisser jouir de la douceur
de la conversation de ses amis au milieu de
Paris, où il n'auroit pas eu ni tant de loisir,
ni tant de liberté d'écrire qu'il en a eu dans
sa solitude. Mais c'est là leur affaire. La
mienne, Monsieur, est de vous faire remarquer la sagesse de la Providence sur sa
verité, sur son Eglise, sur ce Docteur. Aprés
le Livre de la Frequente Communion si necessaire à l'Eglise, & qui demandoit que
l'Auteur fut en estat de pouvoir estre autorisé par les Evesques, Dieu fit servir ce Livre mesme à luy faire chercher la retraite,
qui luy estoit necessaire pour pouvoir défendre librement les veritez de la grace, que
l'Auteur de la grace mesme avoit dessein de
faire éclaircir, & dont il vouloit renouveller
l'amour en ce siecle. Mais cette affaire ter-
minée, la mesme Providence jetta les yeux,
non sur la grande & nombreuse Societé des
Jesuites qui remplit le monde; mais sur la
petite Societé que M. Arnauld & son ami
composoient dans un petit coin de la terre,
& que cette immense Societé persecutoit de
tout son pouvoir. Il la choisit, dis-je, pour
défendre d'une maniere toute nouvelle la
                              verité

verité de l'Eucharistie contre les Ministres heretiques, comme elle avoit appellé autrefois ce Theologien à en défendre la sainteté contre le relâchement de quelques Docteurs Catholiques, & contre la profanation de beaucoup de mauvais Chrestiens. C'est pour cela que cette adorable Providence luy donna la paix, & le tira de la solitude; afin que les ouvrages qu'il devoit composer sur cette matiere pûssent estre librement & hautement autorisez par les Evesques, & que les heretiques ne pûssent avoir le moindre pretexte pour dire, comme a fait le ministre Claude, que la plume de leur adversaire estoit une plume desavouée au moins d'une partie des Evesques.

Enfin aprés ce service signalé rendu à la verité & à l'Eglise à la vuë du soleil, Dieu l'a rappellé dans l'obscurité de la retraitte; parce qu'elle luy estoit necessaire pour d'autres services ausquels il le destinoit. C'est ce que nous allons voir dans le quatriéme âge.

QUATRIE'ME AGE.

Ce fut au mois de Juin de l'année 1679. que M. Arnauld se retira de Paris, non par aucun ordre du Roy, comme le publient ses ennemis, mais de son propre mouvement & par l'amour de la paix. Si sa retraite

estoit

eſtoit un crime, ce ſeroit aux Jeſuites qu'il le
faudroit imputer, puiſque leurs calomnies
y ont le plus contribué : & ſi ce n'en eſt pas
un, c'eſt une honte à eux & à leurs ſecta-
teurs d'en faire des reproches à ce Docteur,
comme ils font ſi ſouvent. Mais s'ils ont
eu de mauvais deſſeins contre luy, Dieu
les a changez en bien pour ſon Egliſe.

Les onze années de retraite qui ſe ſont paſ-
ſées depuis ce tems là luy ont fait rendre des
ſervices tres conſiderables au public par un
grand nombre d'ouvrages tres-avantageux à
l'Egliſe & à l'Etat. Je m'arreteray aux principaux, & à ceux qui paſſent plus certainement pour eſtre de luy. Car on luy en attribue pluſieurs autres qu'il vaut peut-eſtre
mieux laiſſer dans leur incertitude, que d'en
rechercher trop curieuſement l'Auteur.

§. I. *Nouvelle Défenſe du nouveau Teſta-ment contre Mr. Mallet.*

Cet ouvrage en deux volumes *in octavo*
avoit eſté commencé à Paris; mais l'Ecri-
vain que l'on y refute y eſtant appuié du credit des Jeſuites & de M. l'Archeveſque de
Paris, comment auroit-on pu eſperer que
ſa refutation y pût jamais paroiſtre? Cependant M. Arnauld s'eſt cru obligé de refuter
le livre outrageux de cet homme qui s'eſtoit
laiſſé

laiſſé aller juſques à cet excés de calomnies & d'outrages, que d'accuſer les Traducteurs du Nouveau Teſtament, non ſeulement d'avoir corrompu ou mal traduit beaucoup d'endroits de ce Livre adorable, mais encore de s'y eſtre rendus ſuſpects de toutes ſortes d'hereſies, tant ſur les matieres de la predeſtination & de la grace, qui eſt la reſſource ordinaire de ces ſortes d'Ecrivains, que ſur la Divinité meſme de Jesus-Christ, ſur l'union perſonnelle de ſes deux natures, & preſque ſur toutes les principales veritez de la Religion Chreſtienne.

Il ne faut donc pas s'aller imaginer que cet ouvrage de Mr. Arnauld ſoit contre le Decret que les Jeſuites obtinrent de Rome contre cette Traduction dans la plus-grande chaleur des conteſtations; qui fut plus contre les Traducteurs que contre la Traduction, & dans lequel les Cenſeurs ne diſent point qu'on ait trouvé aucune erreur : ce qui en cette occaſion eſt la meſme choſe que de dire qu'il n'y en a point. Au contraire comme les reproches outrageux de M. Mallet retomboient ſur les Cenſeurs Romains, & ſembloient les accuſer ou de n'avoir pas apperçu, ou d'avoir épargné les erreurs, les infidelitez & les autres fautes que cet Auteur s'imaginoit y avoir decoucouvertes, M. Arnauld fait en quelque façon leur Apologie en faifant celle des Traducteurs.

Mais outre cela M. Mallet en reprenant des erreurs qui n'avoient de fondement que dans l'illufion de fon efprit, ou dans la malignité de fon cœur, eftoit tombé luy-mefme en des erreurs fi réelles, fi groffieres & fi importantes, tant fur la matiere de la parole de Dieu, que fur d'autres veritez Chreftiennes, qu'elles auroient pu fi on les avoit negligées, caufer un grand préjudice à l'Eglife.

C'eft donc un fervice que M. Arnauld luy rendit, auffi-bien qu'à la verité & à l'innocence : & il faut qu'il l'ait fait d'une maniere irreprehenfible & qui n'ait pas efté defagreable aux Cenfeurs de Rome, puifque fes ennemis n'ont pu l'y faire flétrir par aucune cenfure.

§. II. *Apologie pour les Catholiques.*

L'Infame Libelle qui a pour titre : *La politique du Clergé de France*, fait & répandu par les Calviniftes en plufieurs langues, excita juftement le zele de noftre Docteur contre les calomnies des heretiques. Car ils y traitoient l'Eglife Catholique & le Clergé de France d'une maniere fi indigne & fi fedi-

seditieuse, qu'il estoit tres-important de
le refuter. M. Arnauld pouvoit bien laisser
le soin de défendre le Clergé de France à
ceux qui en reçoivent de bonnes pensions.
Il crut neanmoins le devoir entreprendre : &
l'on peut bien croire, dans l'état où il estoit,
qu'il n'y fut porté que par le mouvement
de son amour pour la verité, pour l'Eglise,
pour la Royauté, pour l'innocence de ses
freres les Catholiques calomniez & persecu-
tez en Angleterre, & pour la conversion de
ceux qui sont engagez dans l'heresie.

Le premier volume met en évidence, que
l'esprit de sedition & de revolte est l'esprit
de l'heresie, justifie la fidelité des Catholiques envers leurs Princes, défend la Souveraineté des Roys d'une maniere tres-so-
lide & tres-convaincante, demonstre si clairement la fausseté de la conspiration d'Angleterre, inventée par l'impie & le parjure
Oates, & prouve si invinciblement l'innocence des Catholiques qui en estoient accusez & à plusieurs de qui il en a couté la vie,
qu'on ne peut s'empecher d'en demeurer
convaincu, pourvu qu'on ne veuille pas
renoncer à la bonne foy.

Le second volume soutient avec une lumiere, une force & une netteté admirable
plusieurs points de la doctrine Catholique,
défend l'Exposition de la foy de l'Eglise

I

Romai-

Romaine compofée par M. l'Evefque de
Meaux, contre les invectives & les chicaneries des Miniftres, refute tres-doctement
plufieurs de ces Miniftres Proteftans, met
dans un fi grand jour la beauté & la fainte-
té de l'Eglife Catholique & fes avantages
fur les Communions heretiques, qu'il la
rend aimable à ceux qui ne veulent pas s'a-
veugler de peur d'y eftre pris. Enfin c'eft
un ouvrage fi agreablement diverfifié par un
mélange de dogmes & de faits, de contro-
verfe & de pieté, d'hiftoires & de reflexions
Chreftiennes, qu'il eft également utile aux
fçavans & aux fimples.

C'eft donc un ouvrage digne d'un vrai
difciple de la verité & d'un fincere amateur
de l'Eglife, & dont tout le monde, Catholiques & autres, ont dû eftre fort édi-
fiez. J'y ay trouvé entr'autres deux chofes
affez fingulieres & d'une fort grande édifi-
cation. La 1. Que M. Arnauld fans avoir
égard aux calomnies continuelles des Jefuites contre luy, ni à tous les chagrins qu'ils
ont taché de luy caufer depuis quarante à
cinquante ans, il les a défendus de toute
fa force fur le fait de la confpiration d'Angleterre. On fçait comment ils l'en ont
recompenfé. La 2. Que s'eftant trompé, en refutant le Roman de cette confpiration, dans un fait qui bleffoit l'honneur

de

de M. Robert Southwel Proteſtant Anglois, autrefois Secretaire du Conſeil de Sa Majeſté Britannique, il n'en fut pas plutoſt averti, qu'il en fit une retractation publique, & porta la ſatisfaction qu'il en fit à M. Southwel beaucoup au-dela de ce que celuy-ci meſme avoit ſouhaitté. On la peut voir imprimée par forme d'addition à la premiere partie de cette Apologie.

M. Arnauld eut en cette rencontre la conſolation d'apprendre de M. Southwel meſme, que Sa Majeſté Britannique (alors Duc d'Yorck) aiant eſté informée de cette erreur, eut la bonté d'excuſer ce Docteur & de vouloir bien eſtre caution de ſa bonne foy & de la joye avec laquelle il ſe porteroit à reparer ſa mepriſe ; S. M. aiant dit à Mr. Southwel, *Que Mr. Arnauld eſtant étranger n'avoit pu diſtinguer les vrais avis d'avec les faux : mais qu'eſtant une perſonne ſi eſtimée pour ſon ſavoir & ſa probité, il ne pourroit avoir que de la joye d'eſtre detrompé, & feroit avec plaiſir la ſatisfaction qu'on exigeroit de luy.*

S. M. B. aiant ſçu enſuitte la maniere dont M. Arnauld avoit reparé ſa mepriſe, eut la bonté de vouloir voir la Lettre qu'il en avoit écrite à M. Southwel, & aprés l'avoir gardée un jour entier, il dit en la luy rendant, *Qu'elle eſtoit tres-belle, &*

telle

telle qu'on la devoit attendre de M. Arnauld.

§. III. *Trois autres ouvrages contre les Calvinistes.*

Il composa dans ce tems-là un assez gros Livre pour la justification de celuy du Renversement de la Morale par les erreurs des Calvinistes , pour répondre à ce qu'avoient écrit contre ce Livre deux Theologiens , l'un Calviniste & l'autre Catholique. En voici le titre : *Le Calvinisme convaincu de nouveau de dogmes impies.*

Un savant Medecin , & Antiquaire de Lion , de la Rel. Pr. Ref. nommé M. Spon, avoit écrit une Lettre au P. de la Chaise pour défendre sa Religion. M. Arnauld qui n'est pas aux gages de ce Pere , voulut bien toutefois luy servir de Secretaire pour répondre à ce Calviniste , & il le fit par un petit Livre qui a pour titre : *Réponse à la Lettre de M. Spon au R. P. de la Chaise.* Il fallut, bon gré malgré, que sa Reverence eut cette obligation particuliere à M. Arnauld.

Je suis sûr que M. l'Evêque de Meaux sçut bon gré à ce Docteur d'un autre petit ouvrage qu'il composa pour défendre son *Exposition de la doctrine Catholique* contre le Ministre Jurieu. Comme il n'y a guere de Livre dont les Calvinistes se soient plus

senfentis incommodez que de cette *Expofition*, ils ont pris à l'envy la plume pour s'effor-cer de le rendre inutile. M. Jurieu crut que fes brebis errantes avoient befoin d'un *Pré-fervatif* contre un livre fi capable de les def-abufer. M. Arnauld oppofa à ce *Préfervatif* des *Reflexions* falutaires, qui en firent voir la malignité & la fauffeté.

§. IV. *Refutation d'un nouveau Syfteme, ou du Traité de la nature & de la grace.*

Il n'y a eu, Monfieur, gueres d'occa-fion, où M. Arnauld ait mieux fait voir combien il aime la verité, que celle dont j'ay à vous parler maintenant. Il avoit pour l'Auteur de ce nouveau Syfteme une efti-me & une amitié toute particuliere (& en effet il a beaucoup d'efprit & de merite) & tous ceux qui fçavent combien M. Ar-nauld aime fes amis & quelle violence il faut qu'il fe faffe pour faire quelque chofe qui leur peut eftre defagreable, jugeront bien que ce ne fut pas fans une extreme peine, qu'il fe vit obligé de combattre publique-ment les fentimens de l'Auteur du Traité. Il crut cependant devoir préferer les interefts de la verité aux fentimens de l'amitié, & que de grands Evêques l'aiant vivement preffé

par leurs Lettres de rendre ce service à l'E-
glise, il ne luy estoit pas libre de s'en dispenser. Le public est assez informé de cette
dispute par les livres que ce Docteur composa sur ce sujet. Outre les trois volumes
des REFLEXIONS *Philosophiques & Theolo-*
giques sur le nouveau Systeme de la nature &
de la grace, il y a le livre *Des vraies &*
des fausses idées : La DEFENSE de *M. Ar-*
nauld contre la Réponse au livre des vraies &
fausses idées, avec *une* LETTRE de prés de
cent pages à la teste de cette Defense : La
DISSERTATION *sur la maniere dont Dieu*
a fait les frequens miracles de l'ancienne Loy
par le ministere des Anges, &c. Les *neuf*
LETTRES de M. *Arnauld à l'Auteur*
du Systeme, qui font un volume : Une
DISSERTATION *sur le prétendu bonheur des*
plaisirs des sens, contre ce qui en avoit esté
dit par M. Bayle en faveur du mesme Auteur.

Je ne prétens pas, Monsieur, vous obliger à lire tous ces livres pour en rendre
compte à nostre ami. Mais de l'humeur
que je le connois, il s'en rapportera bien au
jugement qu'on en a fait à Rome, pour
sçavoir qui des deux avoit raison ; & si
M. Arnauld n'a pas rendu par ces ouvrages
un service considerable à l'Eglise. Vous
n'aurez qu'à luy faire lire le Decret que je
vous

vous envoie, qui est du 29. May de cette année : il y verra les livres suivans condamnez: TRAITE' *de la nature & de la grace, par M. Malebranche à Amsterdam* 1680. EJUSDEM *opera sequentia.* TRAITE' *de la nature & de la grace par l'Auteur de la Recherche de la verité ; derniere édition augmentée de plusieurs éclaircissemens, qui n'ont point encore paru. A Rotterdam* 1684. DEFENSE *de l'Auteur de la Recherche de la Verité contre l'accusation de M. De la Ville, &c. A Rotterdam* 1684. LETTRES *du P. Malebranche à un de ses amis , dans lesquelles il répond aux Reflexions Philosophiques & Theologiques de M. Arnauld sur le Traité de la nature & de la grace. A Rotterdam* 1686. LETTRES *du P. Malebranche touchant celles de M. Arnauld. A Rotterdam.* 1687.

Ceux de M. Arnauld contre cet Auteur y ont esté en mesme tems examinez à l'instance des Jesuites & d'autres Personnes puissantes : & s'ils n'y ont pas esté aussi condamnez, ni les autres absous, ce n'est pas faute de sollicitations , & de mouvemens extraordinaires, que bien des gens se sont donnez pour y reüssir. Cependant outre l'avantage que la verité & l'Eglise en reçoivent, M. Arnauld a droit, à mon avis, d'en tirer celui-cy pour lui-mesme : Que

ses

ses sentimens sur la grace n'ont rien qui ne
soit conforme à la doctrine de l'Eglise, &
qui ne soit approuvé à Rome, puis qu'il
n'en a point d'autres sur cette matiere que
ceux qu'il a expliquez en plusieurs endroits
de ces livres, & particulierement dans les
Lettres V. VI. *&* VII. à cet *Auteur*, & dans le
second volume des *Reflexions Philosophiques
& Theologiques.* Car on ne peut pas dire
qu'on n'y ait pas fait d'attention; puis que
l'on y a examiné avec grand soin & les livres de M. Arnauld & ceux de l'Auteur,
où celui-ci n'omet rien pour rendre odieux
les sentimens de ce Docteur, & pour faire
remarquer les endroits par où ils pourroient
plus paroistre éloignez de la doctrine de l'E-
glise. Que nostre ami fasse un peu de reflexion sur tout cela.

Ce Decret de Rome confirme & justifie
le jugement Theologique, qu'avoient porté
de ce Systeme les plus habiles Theologiens
des Universitez de Louvain & de Douay,
& des plus considerables Eglises du Pays-
bas. Et l'on peut voir à la teste de la *Dissertation de M. Arnauld sur la maniere dont
Dieu a fait les miracles de l'ancienne Loy,
par le ministere des Anges,* qu'en approu-
vant la doctrine de ce Docteur sur ce sujet
particulier, ils l'ont fait d'une maniere qui
marque combien ils estiment sa personne,

&

& qu'ils le considerent non seulement comme un bon Catholique, mais encore comme un illustre Defenseur de la Foy & de la doctrine de l'Eglise.

M. Lacman Docteur en Theologie de l'Université de Louvain, Chanoine de l'Eglise Metroplitaine de Malines & Président du Seminaire, & M. Cuyper maintenant Doien de la mesme Eglise Metropolitaine & Licentié de Louvain, approuvent tous deux le livre en qualité de Censeurs des Livres, & nomment l'Auteur *un des yeux du Corps mystique de* Jesus-Christ, *dont l'Eglise se sert tres-avantageusement depuis tant d'années, soit pour refuter les erreurs des heretiques, ou pour découvrir celles où tombent ses enfans par un trop grand attachement à leur propre lumiere & à leurs pensées.*

Vous y verrez encore les Approbations de six autres Docteurs en Theologie de Louvain : M. van Vianen Professeur Royal, M. Huygens, le P. Farvaques & le P. le Drou, tous deux Augustins : M. Pasmans & M. Hennebel : outre plusieurs Licentiez de la mesme Faculté, Messieurs Van Ermeegen, de Decker, Claessens, De Swaen, &c.

M. De la Verdure Docteur & Premier Professeur en Theologie de l'Université

versité de Douay, & Censeur des Livres ;
M. Campenhout Licentié en Theologie,
Doïen & Chanoine de S. Pierre de l'Isle ;
& M. Boudart aussi Licentié, Chanoine
& Theologal de la mesme Eglise, se trou-
vent au nombre des Approbateurs.

Vous ne serez pas fâché, Monsieur, d'y
voir un Corps considerable de Theologiens
de la florissante Eglise de Liege, tous Licen-
tiez en Theologie de Louvain : M. Faes
Chanoine de la Cathedrale & Vicaire General du Diocese ; M. du Mont Chanoine
Theologal de la Cathedrale, Abbé d'Ama
Vice-Prevost & Examinateur Synodal ;
M. Cochez Professeur en Theologie,
President du Seminaire & Examinateur Synodal ; M. le Beau Curé de S. Adalbert
& Examinateur Synodal ; M. Michiels
Chanoine de S. Denis ; & M. Naveus Chanoine de S. Paul. Voilà, Monsieur, six
Theologiens dont le poids & l'autorité peuvent bien balancer les six Reguliers du conciliabule que vous savez. Un Vicaire General
du Diocese de Liege vaut bien un Recteur
du College des Jesuites, n'en déplaise au
R. P. d'Assigny ; les cinq Moines Mandians
sont trop humbles pour vouloir l'emporter
sur les cinq autres ; & je doute fort qu'il se
trouve quelqu'un de bon sens qui préfere
leur Decret Conventuel du 25. d'Aoust dernier

nier à l'approbation Synodale & Theologique, donnée avec connoiſſance de cauſe en 1684. par ces ſix Perſonnes, dont la ſcience, la droiture & la pieté ſont ſi connues & ſi eſtimées à Liege.

§. V. *Du Phantôme du Janſeniſme.*

Puiſque tout le monde attribue cet ouvrage à M. Arnauld, je croy le luy devoir donner juſqu'à ce qu'il l'ait deſavoué. Jamais Livre ne fut plus neceſſaire à Liege que celui-ci : & ſi ceux qui s'y laiſſent ſi aiſément ſurprendre aux bruits impertinens que certaines gens répandent avec tant de ſoin, pour rendre la foy des meilleurs Eccleſiaſtiques ſuſpecte aux Princes & aux peuples, & pour décrier meſme les plus pieux & plus ſavans Evêques de l'Egliſe, vouloient ſe donner la peine de lire ce Livre, qui ne demande que quelques heures de loiſir, ils verroient bien-toſt diſparoiſtre ce *Phantôme* dont depuis ſi longtemps on fait peur à tant de gens, à peu prés comme on fait peur des eſprits aux petits enfans.

Vous pouvez aſſurer noſtre ami que ce livre a déja bien deſabuſé du monde, & qu'il ne doit pas avoir honte de revenir de ſa prévention, aprés que des perſonnes de toutes ſortes en ſont revenues avant lui,

par

par la lecture qu'ils ont faite de bonne foy
de cet ouvrage. Vous ne m'en croirez pas,
si je vous dis que c'est un ouvrage tres-utile à l'Eglise. Croyez-en au moins Monsieur le…..qui le croit plus que trés-utile,
& qui ne fait pas difficulté de dire par tout,
que c'est le Livre le plus necessaire aujour-
d'hui aux Evêques, aux Princes & aux Ma-
gistrats, pour maintenir le repos des Dio-
ceses & des Estats, en se detrompant une
bonne fois de toutes les fausses idées qu'on
leur a fait prendre de ce Phantôme, & de
tout ce qu'on leur a dit de certains Heretiques qui ne subsistent que dans l'imagi-
nation de ceux qui ont besoin de ce pretexte pour des interests fort humains.

§. VI. *Defense des Versions.*

Je donne encore ce Livre à M. Arnauld
sur la foy du public. Je ne suis pas
en peine d'en faire approuver le dessein à
nostre ami. Car je sçay combien il a toujours eu de gout pour l'Ecriture sainte,
pour les Offices de l'Eglise, & pour les
ouvrages des SS. Peres; & que les Traductions & les Explications qu'en ont faites
M. de Saci & M. le Tourneux, sont ses plus
cheres delices. Vous fûtes témoin, aussi-
bien que moy, de la joye qu'il eut lors
que

que je luy fis voir la premiere fois le *Breviaire Romain* traduit en François par le dernier que j'ay nommé : & il m'a avoué, depuis que je lui ay fait venir cette Traduction, qu'il lui femble qu'il a toute une autre attention & un autre gout qu'auparavant dans la recitation de l'Office divin. Sa devotion eft de fuivre l'Eglife en toutes chofes , & encore qu'il eftime les inftructions & les prieres excellentes que l'on trouve dans les livres des particuliers, & qu'il s'en ferve mefme utilement , il trouve une finguliere benediction à recevoir de la main de l'Eglife, & de la bouche de Dieu mefme, des inftructions & des prieres par la lecture de fa parole , & fur tout du nouveau Teftament ; & par la recitation du Breviaire, qui contient la priere canonique & univerfelle de l'Eglife Latine.

Ce livre me fait fouvenir d'un autre excellent ouvrage de M. Arnauld , *De la Lecture de l'Ecriture Sainte , contre les paradoxes de M. Mallet ,* dont le principal eftoit, Que l'intention de Dieu & des Ecrivains canoniques a efté que les Ecritures Saintes ne fûffent pas lues par le peuple , mais feulement par les Preftres & par les Docteurs. Ce que M. Arnauld refute fort doctement. Ce livre , qui m'eftoit échappé , eft de l'an 1680.

§. VII.

§. VII. *Lettre à M. l'Evêque de Malaga.*

Les Jeſuites avoient porté ce Prelat à faire un écrit ſanglant en forme & ſous le titre de *Plainte Catholique addreſſée au Pape
Innocent XI.* Elle eſt tellement du ſtile &
du caractere des Jeſuites, que ceux qui la
leur attribuent, ne font pas un jugement
trop temeraire. M. Arnauld neanmoins crut
qu'il devoit s'addreſſer à ce Prélat meſme,
pour lui faire connoiſtre combien on l'a-
voit ſurpris, & combien lui eſtoit peu ho-
norable l'abus que les Jeſuites faiſoient de
ſon nom & de ſon authorité, pour lui faire
traiter un Docteur catholique plus dure-
ment & plus inhumainement qu'on ne de-
vroit meſme traitter un heretique. C'eſt le
ſujet de cette Lettre, à la fin de laquelle
on crut devoir ajouter celle que M. le Cardinal Cibo avoit fait l'honneur à M. Arnauld de luy écrire de la part du S. Pape à
qui ce Prelat avoit addreſſé ſa plainte : afin
que cet Evêque connut qu'on l'avoit trompé en lui faiſant eſperer que S. S. ſeroit diſ-
poſée à recevoir les funeſtes idées qu'il lui
vouloit faire prendre de la perſonne de ce
Docteur.

§. VIII.

§. VIII. *Denonciations du peché Philosophique.*

Quand M. Arnauld entreprendroit de persuader au public qu'il n'est pas le Denonciateur du Peché Philosophique, il n'y réussiroit pas. Les cinq Denonciations sont tellement de son caractere, qu'en les lisant, on l'entend parler, on le voit. Les Jesuistes mesme l'y reconnoissent mieux que personne : & ils assurent si positivement que c'est lui mesme, qu'il y auroit de l'obstination à ne se pas rendre.

C'est donc à M. Arnauld que l'Eglise a l'obligation d'avoir decouvert l'heresie du Philosophisme, qui estoit deja répandue dans un grand nombre de livres des Jesuites, soutenue dans beaucoup de leurs Theses, & trés-commune dans leurs Ecoles. On a plus de trente Theses soutenues dans leurs Colleges de Flandres, de France & d'Italie, où cette Doctrine du peché Philosophique est enseignée en termes tres-clairs. Un Docteur de Sorbonne l'a trouvée dans un grand nombre de leurs écrivains, dont il rapporte les textes dans un livre imprimé sous ce titre : *Vrais sentimens des Jesuites touchant le peché Philosophique.*

Mais on ne s'en estoit point apperçu, avant que Mr. Arnauld l'eut decouverte
dans

dans la Thefe de leur College de Dijon,
enfeignée & foutenue par leur P. François
Mufnier, en ces termes :

Le peché philofophique ou moral, eft une
action humaine contraire à ce qui convient à
la nature raifonnable & à la droite raifon.
Mais le peché theologique mortel, eft une li-
bre tranfgreffion de la loy de Dieu. Le peché
philofophique, quelque grief qu'il puiffe eftre,
eftant commis par celui, ou qui n'a point de
connoiffance de Dieu, ou qui ne penfe point
actuellement à Dieu, peut eftre un peché fort
grief, mais n'eft point une offenfe de Dieu,
ni un pechê mortel qui rompe l'amitié de l'hom-
me avec Dieu, ni qui merite la peine éternelle.

Il n'eft pas neceffaire de fe mettre en peine
de prouver à noftre ami que cette doctrine
eft fort mauvaife ; car Noftre faint Pere le
Pape vient de declarer par fon Decret du
Jeudi 24. d'Aouft, que c'eft une propofition
& une thefe *fcandaleufe, temeraire, infup-*
portable aux oreilles pieufes, & erronée. Les
Jefuites doivent avouer avec reconnoif-
fance qu'on les a épargnez à Rome en fe
contentant de ces qualifications ; puis qu'eux
mefmes avoient declaré dés le mois de Février dans leur premiere Lettre, qu'ils *la de-*
teftoient comme une herefie & une impieté
execrable : & un favant Theologien de
Rome, Religieux d'un Ordre celebre, écrivoit

voit dernierement , en rapportant le fentiment de tous fes confreres, que ce qui l'a-
voit fait traiter avec indulgence, eft que la
maniere du tribunal du S. Office, où cette
Thefe a efté examinée , eft d'emploier les
cenfures les plus douces ; mais que , fans
ufer de trop de rigueur, on pouvoit quali-
fier d'heretique la premiere partie, du *peché Philofophique commis par celuy qui n'a
point de connoiffance de Dieu :* & quant à
la feconde, de celuy *qui ne penfe point actuellement à Dieu ,* qu'on ne la peut fletrir
par une cenfure affez grande.

Les Jefuites fe recrient qu'on leur impo-
fe , qu'ils n'ont jamais foutenu le peché
Philofophique dans un fens erroné & heretique ; qu'ils n'en ont parlé qu'en fuppo-
fant que c'eft un cas metaphyfique, qui n'eft
jamais arrivé & qui n'arrivera jamais. Mais
il eft un peu facheux pour eux, qu'ils ne fe
foient avifez de cette défaite que depuis que
l'on a crié contre ce dogme monftrueux ;
que dans trente de leurs Thefes que l'on a
en main, on life en termes fort clairs cette
doctrine, fans y rien trouver de cette prétendue fuppofition impoffible ; & qu'enfin
la propofition condamnée à Rome comme
*fcandaleufe, temeraire, infupportable aux
oreilles pieufes, & erronée ,* foit tirée mot
pour mot de la Thefe de Dijon, foutenue

K

par

par le P. François Musnier Jesuite, au mois
de Juin de 1686. C'est un fait clair, évident,
incontestable, qui est sous les yeux de tout
le monde, renfermé en douze lignes dans
une Thèse d'une page, qui est maintenant entre les mains de toutes sortes de personnes,
& par conséquent de la verité duquel chacun peut s'assurer par ses propres yeux, sans
qu'il soit besoin d'entrer dans aucune discussion. Il n'y a donc pas moien d'échap-
per : & la distinction des differens sens, ni
celle du fait & du droit, ausquelles les Jesuites sont enfin obligez d'avoir recours, ne
leur peuvent de rien servir. Quand on veut
dans des Thèses soutenir seulement ce qui
suivroit d'une hypothèse impossible, on
ne manque pas de le marquer nettement :
l'Ecole a des termes qu'elle a faits exprés, ou
qu'elle a mis en usage pour cela ; comme
elle en a pour marquer la seule possibilité,
ou l'existence actuelle des hypothèses qu'on
y veut défendre : & c'est se mocquer du
monde de nous venir dire qu'on n'a soutenu une proposition que comme un cas impossible, lors qu'on emploie tous les termes qui signifient, non seulement la possibilité, mais mesme l'existence actuelle de ce
qu'on soutient. Lisez, Monsieur, la proposition de Dijon, & vous verrez qu'on n'y
dit point qu'un peché, que par impossible,
com-

commettroit une perſonne , qui n'auroit
point de connoiſſance de Dieu, ou qui ne
penſeroit point actuellement à Dieu , ne
ſeroit point, dans ce cas metaphyſique , une
offenſe de Dieu, ni un peché mortel, qui
romproit l'amitié de l'homme avec Dieu,
ni qui meriteroit la peine éternelle ; mais
on y parle par tout d'un *peché commis* ; on
y lit par tout *qui n'a point &c. qui ne pen-
ſe-point &c. n'eſt point &c. qui rompe l'a-
mitié &c. qui merite,* &c. ſi on veut des
paroles plus claires, il en faut faire faire exprés.

Voulez-vous, Monſieur, que je vous
fourniſſe encore une autre Theſe des Jeſuites , où l'hereſie du peché Philoſophique
ſoit bien clairement enſeignée. En voici
une, meſme plus recente que celle de Dijon,
& dans une autre Province. Elle eſt de
1688. ſoutenuë dans leur College de Clermont en Auvergne par le P. Pugean. Voici
ce qu'il dit dans la xxx. Poſition : *Le peché
Philoſophique , meſme grief , commis ſans
advertance à Dieu , ne merite point la peine
éternelle.* Voilà un homme franc & net, &
qui ſçait dégager les queſtions de toutes
les chicaneries dont d'autres de ſes confreres tâchent de les embaraſſer. Il ne s'amuſe
point aux diſtinctions d'ignorance vincible
ou invincible, d'inadvertance coupable ou

non-

non-coupable, de pecheurs payens ou chrestiens, de peine du dam ou peine du sens, &c. il dit generalement & simplement : *Peccatum etiam grave Philosophicum, factum sine advertentia ad Deum, non meretur pœnam æternam.* Vous voiez, comme la seule *inadvertance à l'égard de Dieu* excuse les plus grands pecheurs du supplice éternel : c'est à dire, que les plus grands crimes Philosophiques ne sont point des pechez mortels. Car, comme il dit au commencement de la mesme Position x x x. „Tout peché mortel enferme la malice spe- „ciale de l'offense de Dieu & merite la pei- „ne éternelle : Omne *peccatum mortale includit specialem malitiam offensæ divinæ, & meretur pœnam æternam.* Vous n'aurez pas de peine à conclure de là, Monsieur, que pourvu que les plus grands scelerats & les athées les plus aveugles commettent tous les crimes imaginables sans penser à Dieu, ils peuvent s'assurer de ne point commettre de pechez mortels, & de n'estre point damnez.

En effet il seroit bien cruel de damner des gens pour des pechez plus legers que les pechez veniels des Saints. Or selon le P. de S. Ligier Jesuite, qui enseignoit à Lyon la Theologie, ou plutost le Philosophisme, en 1686. "Tout peché Philosophique, „quelque grief qu'il puisse estre, est un pe-
„ché

„ ché plus leger qu'aucun Theologique.
„ D'où il s'enfuit, dit-il, que le moindre
„ petit peché veniel Theologique merite une
„ plus grande peine, que le plus énorme
„ peché Philofophique : *Quodlibet Philo-*
fophicum grave eft levius quolibet Theologi-
co. Hinc vel minimum veniale Theologicum
graviorem pœnam meretur, quam quodlibet
Philofophicum graviffimum.

Il eft neceffaire de m'étendre un peu
plus que je n'aurois voulu, pour juftifier
M. Arnauld de ce que les Jefuites luy im-
putent d'avoir excité du bruit dans l'Eglife
fans neceffité & fans fondement, & mefme
d'avoir calomnié leur doctrine, en les accufant d'avoir enfeigné l'herefie du Philofophifme.

Ce que je trouve de rare dans le P. Pugean, qui eft peut-eftre celuy qui a enfeigné plus clairement ce Philofophifme, c'eft
qu'il eft auffi celuy qui crie le plus haut
à la calomnie & à l'impofture ; & qu'il ne
rougit point de dire dans fa Differtation latine, que M. Arnauld, ou le Denonciateur, ment tres-impudemment, (*menti-*
tur impudentiffimè) en accufant du Philofophifme le Profeffeur de Dijon, & d'autres
Profeffeurs de la Societé. Il le charge des
plus groffes injures, comme s'il eftoit bien
convaincu que ce foit une calomnie ; pen-

K 3

dant

dant que luy-mesme, avec beaucoup d'autres, sert de preuve convaincante, que
rien n'est plus commun dans la Societé que
la doctrine condamnée du peché Philosophique, comme tres-possible, & comme effectivement commis par plusieurs hommes.

Je finis cette matiere, aprés vous avoir
averti que le P. Beon actuellement Professeur en Theologie des Jesuites à Marseille,
où ils se sont fait fonder trois chaires de
Theologie (Dieu sçait comment) en prenant
possession l'année 1689. derniere au mois de
Novembre, de sa chaire fondée le 13. du
mois precedent, debuta par le peché Philosophique, en enseignant en propres termes, non seulement qu'il le croit possible,
mais qu'il s'en commet effectivement de
purement Philosophiques, sinon parmi
les Chrestiens adultes, au moins par les enfans, par des gens grossiers, par ceux qui
habitent les forets, par des barbares, &c.
Ego dico posse contingere ex triplici illo capite
ut non evadat offensa formalis, fiatque pec-
catum tantum Philosophicum .... Non esse
cur negetur dari in aliquibus hominibus, pu-
ta pueris, rudibus, silvicolis, barbaris, &c.
Les trois occasions où il les croit possibles
& mesme actuels, c'est 1. Lors qu'on
ne connoist point Dieu. 2. Quand on
ne sçait point que le peché luy déplaît.
3. Quand

3. Quand en pechant on ne fait pas attention à cette verité, que le peché déplaît à Dieu.

C'est ce qui est fidelement extrait des Ecrits dictez par ce Professeur Jesuite, & ce que vous pouvez voir plus au long dans la V. Denonciation.

§. IX. *Denonciation d'une heresie impie contre le Commandement d'aimer Dieu.*

Si la These des Jesuites de Dijon justifie en quelque façon toutes les mauvaises actions des infideles & des athées par la doctrine du peché Philosophique, leur These du Pont-à-Mousson dispense tous les Chrestiens d'en faire de bonnes qui soient utiles au salut, par cette maxime horrible, *Que l'homme n'est point obligé d'aimer sa fin derniere* (qui est Dieu) *ni dans le commencement, ni dans le cours de sa vie morale.* Car sans amour de Dieu il n'y a ni vertu Chrestienne, ni bonnes œuvres dignes d'estre approuvées & récompensées de Dieu.

C'est une heresie qui avoit esté déja condamnée, & que N. S. P. le Pape Alexandre VIII. vient encore de condamner de nouveau dans la These soutenuë au College des Jesuites du Pont-à-Mousson le 14. Janvier de l'année derniere, par le

Decret

Decret du 24. d'Aouſt, qui declare *hereti-*
que cette propoſition, & la condamne comme telle ſous les peines portées par le Droit
contre les heretiques & leurs fauteurs.

Je croy que la denonciation de cette hereſie eſt un des derniers ſervices que M. Arnauld ait rendus à l'Egliſe. L'Ecrit d'une
feuille, par lequel il l'a fait, vaut bien un
volume, ſi on en juge par l'importance de
la matiere, & par l'heureux ſuccés qu'à eu
ſa denonciation.

Vous me diriez peut-eſtre, Monſieur,
que je ne ſerois pas de bonne foy, ſi je ne
vous parlois d'une Cenſure de cette propoſition ou de cette Theſe, que les Jeſuites
ont repandue dans le monde, & par laquelle il paroiſt qu'ils ont eux-meſmes condamné cette doctrine pernicieuſe, avant qu'elle fut cenſurée à Rome. Il faut donc vous
en parler : & cependant je ne ſçay comment
m'y prendre pour le faire d'une maniere qui
faſſe beaucoup d'honneur à ces bons Peres.
Ils n'en ont pas fait pour une. Car j'en ay vû
deux toutes differentes : & ſi vous me de-
mandiez pourquoy ils en ont ſubſtitué une
ſeconde à la premiere, je vous avoueray
que je n'en ſçay pas le myſtere. Peut-eſtre
ſe ſont-ils repentis d'avoir taxé dans la premiere la negligence de celuy de leurs Peres,
qui avoit laiſſé paſſer la Theſe, eſtant de ſa

de

charge de l'examiner. Ce qui eft certain, eft qu'encore que cette Thefe dediée à M. l'Archevefque d'Embrun Evefque de Mets, ait été foutenue par deux fois avec éclat dés le mois de Janvier de l'année derniere 1689. en prefence de 40. ou 50. Jefuites, ils n'ont toutefois fongé à la defapprouver & à la cenfurer que plus d'un an aprés. Elle avoit cependant fait beaucoup de bruit: toute la Province & particulierement la ville de Mets en avoit parlé avec indignation, leurs amis les avoient avertis de toutes parts du deshonneur qu'elle leur caufoit dans l'efprit des gens de bien, & que les Catholiques & les heretiques en eftoient également fcandalifez : rien de tout cela n'avoit efté capable de les remuer. Mais quand le Roy Tres-Chreftien, averti qu'ils avoient foutenu une doctrine fi execrable, en eut fait reproche au P. de la Chaife, alors ils prirent l'alarme, & fongerent à prevenir le mal qui en pouvoit arriver à la Societé, eux qui avoient efté fourds aux avis qu'on leur avoit donnez de celuy qu'en fouffroit l'Eglife. Il fallut donc que le Roy parlât pour les obliger à retracter le 24. Fevrier de cette année 1690. une impieté qui aneantit le premier & le plus grand des Commandemens de Dieu, & à faire ceffer un fcandale qui duroit depuis le 14. Janvier de l'année précedente ; comme il avoit fallu

que

que *le bruit de la Cour & de la ville*, les
forçât à retracter le 5. du mesme mois le dogme monstrueux du Peché Philosophique,
qui s'enseignoit chez eux depuis plus de
trente ans.

Ils ont donc fait une Censure; & encore
une autre au mois de Juin dernier ; mais
de telle maniere qu'en la faisant valoir avec
empressement à la Cour pour contenter
Louis le Grand; ils en ont fait un mystere
par tout ailleurs, & mesme au lieu où la
These avoit esté soutenue. Voici ce que j'en
ay appris d'un homme d'honneur qui en
parle comme original.

Un fort honneste homme & tres habile
fit au mois d'Octobre dernier un voiage, qui
l'obligea de passer par le Pont-à-Mousson.
Le bruit qu'avoit fait la Censure le porta
à aller chez l'Imprimeur de l'Université,
pour en acheter quelques exemplaires. L'Imprimeur luy dit qu'il n'en avoit point; qu'à
la verité il l'avoit imprimée, mais qu'on
en avoit en mesme tems enlevé tous les
exemplaires, avec promesse de les luy
payer tout ce qu'il voudroit. L'assurance
qu'on luy donna de luy bien acheter ses
exemplaires, luy fit renverser sa boutique &
son Imprimerie pour en trouver quelques-
uns, & aprés beaucoup de peine, il n'en
trouva qu'un seul qu'il vendit à cet honneste homme. Celui-ci étonné qu'une Cen-

sure se trouvât en si peu de tems étouffée dans le lieu de sa naissance, alla pour s'en instruire rendre visite à l'Abbé de Sainte Marie, qui est une Abbaye de l'Ordre de Prémontré, ou de Norbertins Reformez, située dans la ville même du Pont-à-Mousson. Comme cet Abbé est l'Ancien Docteur de la Faculté de Theologie de cette Université, il ne se pouvoit mieux adresser qu'à luy pour en sçavoir des nouvelles. Aiant donc fait tomber le discours sur la Censure du Pont-à-Mousson faite, comme on le lit dans celle qui court, par la Faculté assemblée, l'Abbé fut fort surpris qu'un étranger luy parlât d'une telle Censure, dont luy qui estoit sur les lieux & Ancien de la Faculté, n'avoit jamais entendu parler ; & le Voiageur encore plus étonné de ce que l'Abbé luy assuroit positivement, que l'Université du Pont-à-Mousson n'avoit point esté assemblée au sujet de cette proposition, & ne l'avoit point censurée. Non content de ce témoignage, en continuant sa route au sortir du Pont-à-Mousson, il eut occasion de voir plusieurs Curez d'alentour, tous Docteurs en Theologie de la mesme Université, & les ayant mis sur le mesme sujet, ils luy confirmerent tout ce que luy avoit dit l'Abbé de Sainte Marie.

Que dites-vous de cela, Monsieur ? Je
vous

vous y laisse penser, & je ne veux pas prévenir vos reflexions par les miennes.

§. X. *Des cinq Articles.*

Je ne prétens pas, Monsieur, vous donner cette piece comme composée par M. Arnauld. Mais comme je voy par une nouvelle Declaration imprimée que c'est un Ecrit adopté, reçu & publié par les Disciples de saint Augustin, dont ce Docteur n'est pas le dernier, je suis persuadé que la doctrine de cet Ecrit est la sienne: & le public doit croire qu'il n'a point d'autres sentimens sur la matiere des cinq Propositions, que ceux qui y sont expliquez, jusques à ce qu'il ait dit le contraire.

Apres vous avoir fait voir par toute la suitte de sa vie & de ses ouvrages qu'il n'y a rien qui donne sujet de former contre luy aucun soupçon d'heresie, j'ay cru y devoir ajouter cette derniere preuve, encore plus positive que les autres. Car puis que les Jesuites sont enfin reduits à mettre toute l'heresie de M. Arnauld dans les cinq Propositions, on ne peut sans le vouloir calomnier de gaieté de cœur le soupçonner d'avoir sur cette matiere la moindre erreur, apres que d'un costé il a declaré à la face de toute l'Eglise & du S. Siege, qu'il n'a point d'autres

sen-

sentimens sur ces propositions, que ceux qui sont expliquez dans ces cinq Articles : & que d'un autre, ces cinq articles ont esté approuvez comme tres-catholiques par plusieurs savans Evéques; sans parler ici du Pape Alexandre VII. qui les a appellez une *Saine Doctrine*, dans un Bref ecrit au Clergé de France.

Je sçay bien que les Jesuites nient ce dernier fait ; mais c'est parce qu'ils ont interest de le nier, & parce qu'il n'y a pas une Bulle en forme qui marque que ces cinq articles sont orthodoxes. Mais quand on manqueroit de toutes preuves positives, si jamais un argument negatif fut fort & concluant, c'est celui-cy.

Quand des Articles Theologiques sur une matiere importante & fort agitée, formez dans une Conference celebre, examinez contradictoirement en presence des adversaires, reconnus par plusieurs savans Evesques pour tres orthodoxes, envoiez il y a 25. ans au Souverain Pontife par un Prelat de grande consideration qui s'en rendoit le garant, examinez par S. S. & par ses Theologiens, en sont reçus sans contradiction, pour ne pas dire avec approbation.

Que pendant ces 25. ans ils sont à la vue de tout le monde imprimez ou louez dans des ouvrages de Theologie fort connus & fort considerables, adoptez & reçus par les
Theo-

Theologiens d'un Ordre celebre & ſavant, tel qu'eſt celuy de S. Dominique, de l'aveu du General & avec approbation des Docteurs de l'Ordre ; reçus auſſi & inſerez dans des theſes publiques comme une doctrine tres Catholique par de ſavans & illuſtres Docteurs d'une Faculté de Theologie auſſi fameuſe que celle de Louvain ; & cela de l'aveu des autres.

Qu'apres ces 25. ans ils ſont encore adreſſez de nouveau, par un Ecrit public & imprimé, au S. Siege qui les renvoie à une Congregation pour les faire examiner avec l'Ecrit ; que ceux qui les ſoumettent à ſon Jugement declarent à toute l'Egliſe, que ces articles contiennent leurs vrais ſentimens ſur cette matiere, & qu'ils les tiendront toujours tant que l'Egliſe & le S. Siege n'y contrediront point ; & qu'en effet il n'y a eu aucune contradiction de leur part, ni durant les 25. ans marquez, ni depuis prés d'un an qu'ils ont eſté envoiez à Rome pour la ſeconde fois: dans toutes ces circonſtances, dis-je, il doit paſſer pour certain qu'on n'y a rien trouvé de contraire à la doctrine de l'Egliſe, ni qui meritât cenſure ou correction.

Or c'eſt ce qui eſt arrivé aux cinq articles en queſtion. Donc &c.

Je ſuppoſe, Monſieur, que vous avez lu ces articles, curieux comme vous eſtes de

ces

ces sortes d'Ecrits : & si par hazard vous ne les aviez pas vus, ils sont imprimez en Latin, & de plus traduits en François & inserez dans un Ecrit qui a pour titre la *Recrimination des Jesuites convaincue de Calomnie, &c.* Aprés une declaration aussi nette & aussi precise & des approbations de tant de sortes données à ces articles, il faut vouloir que M. Arnauld soit heretique à quelque prix que ce soit, pour n'estre pas convaincu de la pureté de ses sentimens sur cette matiere. Et cette declaration une fois reçue pour Catholique, ruine absolument la Censure de Sorbonne : puisque la proposition qu'une partie de cette Faculté y a censurée, n'a jamais eu d'autre sens dans la Lettre de M. Arnauld, que celuy qui est renfermé dans le premier des cinq Articles, & dans cette explication qui est au bas : *Quand nous disons que* SANS LA GRACE EFFICACE PAR ELLE-MESME NOUS NE POUVONS AGIR, *nous l'entendons uniquement dans ce sens : Que celuy qui n'a pas la grace efficace par elle-même, n'a pas tout ce qui est necessaire pour agir.* Ce qui est reconnu incontestablement pour orthodoxe dans toutes les Ecoles Catholiques, & ce que les Thomistes croient mesme estre de la foy de l'Eglise.

Je croy bien que M. Arnauld ne s'est pas attendu à voir les Jesuites tomber d'accord

de

de la Catholicité de ces cinq articles. L'en-
gagement & l'intereſt de la Societé ne le per-
mettoient pas. Il ſuffit que ce Docteur y
prenne part & qu'il les approuve. Il eſt né
heretique ſelon eux, & il faut qu'il meure
heretique ma'gré qu'il en ait : & il ne ſeroit
pas de l'honneur de la Compagnie que ſa
doctrine fut reconnue pour catholique,
dans le meſme tems qu'il les convainc à la
face de toute l'Egliſe & du S. Siege d'avoir
enſeigné & ſoutenu *des hereſies & des impie-
tez execrables* ; comme il le prouve par leurs
livres, par leurs Theſes & par les Ecrits de
leurs Profeſſeurs, de toutes ſortes de pays.

On m'a fait voir depuis peu deux Libelles latins imprimez contre ces cinq Articles ſous les noms de *Joannes ab Iſſelſteyn* & de *Cornelius à Cranebergh.* C'eſt pitié
de voir en les liſant à quoy les Jeſuites ſont
reduits ſur ces articles. Je ne conſeillerois
pas à M. Arnauld, ni à aucun de ſes amis
de ſe donner la peine d'y repondre : & je
croy bien que c'eſt le parti qu'ils prendront.
Refuter des Libelles approuvez par le Sr. du
Bois, c'eſt tems perdu. Vous connoiſſez le
Pantalon : je ne vous en dis pas davantage.

Ce qui m'a paru plus digne de ſon approbation dans le peu que j'en ay lu à l'ou-
verture du livre, c'eſt 1. de voir ces petits
Ecrivains maſquez & inconnus s'eriger en
Eveſ-

Evefques & en Papes, en préfcrivant à Mr. Arnauld & aux Theologiens de Louvain la profeffion de foy qu'ils doivent faire pour eftre reconnus Catholiques fur la matiere des cinq propofitions. Cela n'eft-il pas fort plaifant? Comme fi on fe mettoit fort en peine de contenter le gout de ces gens là, aprés qu'on a fatisfait l'Eglife & le S. Siege plus d'une fois & en plus d'une maniere. Je croy que quand ces Meffieurs feroient difpofez à les contenter, ils ne le devroient pas faire. Il ne faut pas accouftumer ces petits compagnons là à faire les maiftres dans l'Eglife.

2. Quelle raifon croiriez vous, Monfieur, qui leur rende fufpects ces articles? Eft-ce qu'ils font exprimez en des termes qui ne foient pas Catholiques? Non; ce n'eft point cela. Ils en trouvent les expreffions tres-orthodoxes. Les Thomiftes peuvent, difent-ils, s'en fervir fort innocemment, & il font fort catholiques & religieux quand ils les enfeignent & les defendent: *A Thomiftis catholicè ac religiosè defenduntur.* Mais elles deviennent fufpectes dés qu'elles paffent de la bouche des Thomiftes dans celle de M. Arnauld & des Docteurs de Louvain. C'eft ce qu'ils declarent par tout, comme dans ce titre du Chapitre VII. de Crancberg: *Minùs fidendum eft articulis*

 ambi-

ambiguis, quia fatente adverſario ſunt Ar-
naldici : Il ne faut pas ſe fier à ces articles
ambigus ; parce que , de l'aveu de l'adver-
ſaire , ils ſont de M. Arnauld.

La maniere dont il commence ce Chapitre eſt trop rare pour ne vous en pas re-
galer ; & vous verrez bien par là, que ce
ne peut eſtre qu'un Jeſuite qui parle : "Ce-
„lui qui vante tant ces Articles, dit-il, ne
„pouvoit choiſir un plus méchant avocat
„d'une mauvaiſe cauſe , ni produire un
„plus illuſtre témoin d'une profeſſion de foi
„frauduleuſe , & d'une obſtination ache-
„vée, que M. Arnauld , le chef de la con-
„ſpiration Janſenienne contre la Sorbonne,
„contre le Roy , & contre le S. Siege Apo-
„ſtolique , & l'auteur de tous les maux.
Non poterat Articulorum buccinator pe-
jorem malæ cauſæ Patronum adſciſcere, non
illuſtriorem appellare fraudulentæ profeſſionis
& pervicaciæ teſtem, quàm Arnaldum, to-
tius Janſenianæ adverſus Sorbonam, Regem
& Sedem Apoſtolicam conſpirationis Ducem,
& malorum omnium incentorem.

Il a aſſez bien imité le P. Pugean, ce Jeſuite profeſſeur en Theologie dans leur College de Clermont en Auvergne, dont je
vous ay parlé, & qui dans trois differentes Theſes qu'il y a fait ſoutenir cette année, a fait prononcer par ceux qui les ſou-
tenoient

tenoient une harangue ou diſſertation latine
ſur le peché Philoſophique, comme pour
ſe retraꞔter, & pour ſe purger par avance
de l'accuſation qu'on pouvoit lui faire. En
voici le commencement en François: ‟Vous
,, avez ſans doute ouï parler, Meſſieurs, du
,, Peché Philoſophique: & peut eſtre meſ-
,, me avez vous lu ce libelle qu'a compo-
,, ſé, à ce que l'on dit, depuis peu l'enne-
,, mi mortel des Jeſuites, ſi celebre, non
,, tant par ſon eſprit & ſa Doꞔtrine, que
,, par ſon obſtination, ſa haine, & ſa re-
,, volte contre le Roy, contre l'Eſtat, &
,, contre l'Egliſe : JESUITARUM *hoſtis in-*
fenſiſſimus, non tam ingenio atque doꞔtrinâ,
quàm pervicacia in Regem, Regnum & Ec-
cleſiam percelebris.

Vous avez ſans doute pitié d'un empor-
tement ſi aveugle, contre lequel il n'eſt
pas neceſſaire de prevenir noſtre ami. Il verra bien que c'eſt la paſſion qui parle; & rien
ne ſera plus capable de luy ouvrir les yeux,
que de voir un Jeſuite, pour la ſatisfaire,
s'abandonner d'une part à la calomnie la plus
outrée; & de l'autre, violer toutes les regles du bon ſens pour faire Mr. Arnauld
coupable d'une hereſie perſonnelle, dont il
lui ſoit impoſſible de ſe défaire, qu'en ceſ-
ſant d'eſtre M. Arnauld. Car quelque catholique que puiſſe eſtre une profeſſion de

L 2

foy,

foy , & quelques clairs & précis qu'en ſoient les termes , dés que ce Docteur ſe les ſera appropriez , comme il a fait les cinq articles, c'en eſt fait , cette declaration de Catholique qu'elle eſtoit en elle meſme , & dans la bouche de tous les autres, devient ou heretique, ou au moins ſuſpecte dans la ſienne. Je ne ſçay s'il fait bien de dire ſon *Credo.* J'apprehende que par là ce Symbole, tout apoſtolique qu'il eſt, ne devienne ſuſpect, & que quelque Iſſelſteyn ou quelque Craneberg ne s'aviſe de dire : Qu'il eſt Catholique au ſens des Thomiſtes; mais qu'il eſt ſuſpect au ſens de M. Arnauld : *A Thomiſtis catholicè ac religioſè recitatur; at in ſenſu Arnaldino mihi fateor eſſe ſuſpectum.* Car dés qu'il eſt une fois permis d'ouvrir le cœur des gens pour y mettre malgré eux les intentions les plus criminelles, quand ils font les meilleures actions ; & y fourrer des ſens erronez auxquels ils n'ont jamais penſé, lors qu'ils font les declarations les plus catholiques, il n'y a plus moien d'éviter d'eſtre heretique, meſme en diſant ſon *Credo,* ſi on a le malheur d'avoir des ennemis du caractere des Jeſuites.

§. XI.

§. XI. *Du Troisiéme Volume ou Justification de la Morale pratique des Jesuites.*

J'avois presque oublié cet ouvrage. Cependant il est de Mr. Arnauld, si on en croit les Jesuites, & le public mesme : & je ne voy pas que ce Docteur, qui a declaré que les deux premiers volumes ne sont point de lui, ait desavoué celui-ci.

C'est un Livre composé par la necessité d'une juste defense, estant une reponse au livre d'un Jesuite, qui parlant au nom de sa Compagnie, traite M. Arnauld & tous ses amis, comme les plus grands calomniateurs qui furent jamais. Il y fait en particulier de sanglants réproches à ce Docteur, comme s'il avoit fourni au Ministre Juricu des armes contre l'Eglise, & avoit detruit par là ce qu'il avoit dit à son avantage dans l'Apologie pour les Catholiques. Mais ces réproches, comme M. Arnauld l'a fait voir, n'ont de fondement que dans une erreur qui a fait le schisme des Donatistes.

Pouvoit-on aprés cela demeurer dans le silence & ne se pas justifier contre des invectives si envenimées ; & la crainte de ne pas blesser la reputation de la Compagnie, qui se décrie elle-mesme plus qu'on ne sauroit faire, devoit elle fermer la bouche à l'inno-

cence

cence si injurieusement traittée ? L'auteur de la Défense des Jesuites ne le croit pas : & il a mesme porté si loin la necessité de se justifier de part & d'autre, qu'il a cru qu'on ne s'en pouvoit dispenser, sans passer pour les plus mechantes gens du monde. *Car il n'y a point,* dit-il, *de plus mechantes gens au monde, ni qui soient plus pernicieux au public que les Jesuites, ou que leurs accusateurs: Les premiers, si ce qu'on dit d'eux dans la Morale pratique est veritable; les derniers, s'il ne l'est pas. D'où il s'ensuit,* continue-t-il, *qu'il est de l'interest du public de connoistre & les Jesuites & leurs Adversaires pour ce qu'ils sont ; afin qu'on ne soit pas en danger de se voir trompé de part ou d'autre.*

On n'a donc répondu aux Jesuites que parce qu'on y estoit indispensablement obligé; & jusqu'ici le public paroist satisfait de la Reponse. L'auteur s'attend sans doute à une Replique de la part de ces Peres; & l'on verra alors s'ils feront changer d'avis au public. Cependant il y a un an que ce troisiéme volume court dans le monde, & on n'a encore rien vû qui puisse passer pour une réponse. Car un petit Dialogue, qui vient de paroistre sous le titre de *Jugement sur le troisiéme volume de la Morale pratique des Jesuites,* est une badinerie qui ne merite

pas

pas mefme d'eftre lue. Ce n'eft pas qu'elle ne foit bien écrite : & quoi que le Dialogue foit fort irregulier, & qu'il ne con-
tienne qu'une fade ironie & une declama-
tion outrée, neanmoins le ftile en eft pur &
fort poli. Mais à quoi cela fert il, finon à
faire connoiftre que c'eft l'ouvrage du R.P.
Bouhours, c'eft à dire, de ce Declamateur, dont je vous ay parlé plus haut. Ce
n'eftoit donc pas en vain que dernierement
fous le nom d'un *Cavalier*, il menaçoit
lui-mefme ces Meffieurs d'un certain P. Bouhours, qu'il vouloit bien que l'on regar-
dât comme l'heritier du talent de Mr. Pafcal, de ce M. Pafcal dont il fait fi fort ici
le dégouté.

Mais quel eft le deffein & le but du Dia-
logifte ? Qu'a-t'il prétendu faire ? S'il n'a
voulu autre chofe que nous declarer, que
les Jefuites ne font pas contents du 3 volume, & qu'ils le regardent *comme une des
plus foibles & des plus méchantes chofes qui
foient forties de la plume de l'Auteur ;* il
n'eftoit pas neceffaire pour cela de faire un
livre. Il n'y a perfonne qui ne fe le tint pour
dit.

Que s'il a voulu par fon *Jugement* former celuy du public, je ne fçay comment
il a pû efperer d'y arriver par le chemin qu'il
a pris. A-t'il donc eu affez mauvaife opi-
L 4
nion

nion du jugement du public, ou affez bonne opinion du fien, pour croire que fur fa
parole on prendra un ouvrage de M. Arnauld pour quelque chofe de fort mauvais
goût ? Il s'en eft au moins avifé un peu
trop tard. Car depuis un an que ce livre fe
lit par tout, & qu'il fe lit avec un applau-
diffement general de tout ce qu'il y a de
gens d'efprit qui ne cherchent que la verité, je crains fort que le *Jugement* du Pere
Bouhours ne trouve le jugement du public
déja formé en faveur du 3. volume. Et de
l'en faire revenir à force de longues ironies,
d'exclamations vehementes, d'apoftrophes
enflammées, d'injures groffieres, fans prouver quoy que ce foit ; c'eft une entreprife
un peu temeraire. Voicz-le vous-mefme,
Monfieur, & vous m'avouerez que tout
l'Ecrit entier roule uniquement fur ces figu-
res entaffées les unes fur les autres.

Il dira peut-eftre que ce n'eftoit pas fon
deffein d'entrer en matiere, ni de rien prouver. On le voit bien fans qu'il le dife. Mais
qu'eft-ce qu'un livre qui ne dit rien de ce
qu'il doit dire, & qui ne prouve rien de ce
qu'il doit prouver, finon un fort fot livre.
Avoir le front aprés cela d'accufer M. Arnauld de ne rien prouver, & le dire en l'air ;
c'eft prendre plaifir à fe faire mocquer de
foy.

C'eft

C'eſt tout dire, que jamais M. Arnauld n'a paru ni ſi riche en preuves, ni ſi fort en raiſonnement, ni ſi puiſſant en contredits. Il y juſtifie les Moraliſtes d'une maniere invincible. Il y détruit ſans reſſource les accuſations du *Defenſeur*. Il convainc de faux quatre ou cinq de ſes principales pieces. Il établit inconteſtablement la verité de celles que l'autre croyoit avoir détruites. Il poſe des regies fort belles & des principes fort lumineux pour éclaircir les doutes qui pouvoient naître ſur la conduite des Moraliſtes. Enfin depuis le commencement juſqu'à la fin c'eſt une abondance & un mélange de faits & d'hiſtoires, de reflexions & de raiſonnemens, de memoires & de pieces juſtificatives, toutes plus fortes les unes que les autres : & ſur tout rien d'inutile, rien qui ne ſoit du ſujet, rien qui ne ſoit & concluant pour le Moraliſte, & accablant pour le *Defenſeur*.

Il n'eſt pas de mon deſſein de vous en dire davantage ſur ce ſujet. Remarquez ſeulement, Monſieur, s'il vous plaiſt, que d'une part Mr. Arnauld convainc de fauſſeté ces trois ou quatre pieces, ſur leſquelles le *Defenſeur* faiſoit plus de fond. 1. La Lettre du P. Martin Lopez Dominicain de Sarragoce. 2. Une Lettre du Pere Navarrette Dominicain, depuis Archeveſque de S. Do-

S. Domingue. 3. Une ou plusieurs Lettres de deux Evesques des Philippines. 4. Le faux martyre du Jesuite Moralés Apologiste de la Compagnie, qui passa au Japon pour y precher la Foy, & y apostasia. 5. La fausse retractation de Dom Palafox, &c.

D'un autre costé, il prouve invinciblement la verité de ses principales pieces, & marque autant qu'il luy est permis, les endroits où en sont les originaux ou les copies authentiques, 1. La Lettre du Martyr Sotelo de l'Ordre de S. François au Pape; dont il assure que l'original est à Rome, avec une copie imprimée, attestée par la signature d'un grand Missionnaire qui l'a donnée au public. 2. La grande Lettre latine de Dom Palafox Evesque d'Angelopolis, & puis d'Osme, au Pape Innocent X. dont les Jesuites auront des nouvelles à Madrid chez les Carmes Déchaussez. 3. Le Memorial Espagnol de M. l'Evesque d'Heliopolis presenté au Roy d'Espagne, & plusieurs autres Relations des autres Vicaires Apostoliques ses Collegues. 4. Le Memorial des Religieux de S. François de 1639. que le Defenseur a voulu décrier en l'attribuant à un Missionnaire mort au moins une année auparavant: & plusieurs autres pieces de cette nature dont le livre est rempli.

C'est assez sur cet ouvrage particulier.

Mais

Mais le Dialogiste , qui a cru devoir finir son Ecrit par des paroles de M. Arnauld, prises d'une Protestation fort Chrestienne qu'il fit dans la Preface de l'ouvrage contre M. Mallet, me donne la pensée de la mettre ici toute entiere , pour fermer le narré que je vous ay fait de tous ses ouvrages. Car elle ne peut que luy faire honneur, en marquant la disposition avec laquelle il a toûjours écrit.

„ Je les prie , dit-il à ceux qui doivent
„juger de ses livres, de les lire avec toute
„l'exactitude & toute la severité possible. Et
„au cas qu'ils y trouvent des fautes , ou
„contre la saine doctrine, ou contre le vrai
„sens des Ecritures , je leur donne ma parole
„qu'en estant averti , si cela vient de quel-
„que obscurité qui ait fait prendre mes pa-
„roles en de mauvais sens , je les explique-
„rai d'une maniere si Catholique , que
„tout le monde aura lieu d'en estre satisfait.
„Et que si ce sont de veritables erreurs dans
„lesquelles je serois tombé faute de lumiere,
„j'en feray une retractation si publique &
„si solennelle, qu'elles ne seront au moins
„préjudiciables à personne , & que la veri-
„té que j'aurois blessée par mon ignorance,
„n'en sera que plus connue & mieux éta-
„blie.

„C'a toûjours este là ma veritable dispo-
„sition :

„ sition : & je serois ingrat envers Dieu, si
„ je ne reconnoissois la grace qu'il m'a faite,
„ que rien n'a jamais pu ébranler, ni le parfait
„ & inviolable attachement que j'ay toû-
„ jours eu à tous les sentimens de l'Eglise
„ Catholique, Apostolique & Romaine,
„ ni la resolution inflexible de vivre & mou-
„ rir dans son sein, quelque traitement que
„ j'y pûsse recevoir quoique des calo-
„ mniateurs, animez du même esprit que
„ ceux de David, aient eu souvent sur moy
„ les pensées qu'avoient sur ce Prince ceux
„ qui le vouloient chasser de l'heritage du
„ Seigneur, en luy disant qu'il allât servir
„ les Dieux étrangers.

PAR TOUT ce que je vous ay dit jusques
ici, Monsieur, vous pouvez connoistre
quel est l'homme que l'on fait si noir en vos
quartiers, & à qui quelques personnes
poussées par les Jesuites n'epargnent pas les
noms de sectaire, d'heretique, de schismatique, d'heresiarque & tout ce qu'ont
merité les chefs & les inventeurs de sectes &
d'heresies. Je voy neanmoins parce que vous
me mandez que tout le monde ne tient pas
à Liege le mesme langage, & que M. Arnauld y trouve des personnes pleines
d'honneur & de zele qui non seulement
rendent publiquement témoignage à son
merite, mais qui se font un singulier plai-

sir

sir de luy donner retraitte. J'ay sçu qu'on l'a cherché pour le livrer à ses ennemis; mais je say aussi que d'autres personnes d'un caractere fort distingué l'ont cherché avec encore plus d'empressement pour avoir la joie de le recevoir chez eux, & qu'ils envient à ceux qui ont eu la préference sur eux, le bonheur qu'ils possedent. Ainsi s'accomplit dans les serviteurs de Jesus-Christ ce qui s'est passé à l'égard de Jesus-Christ mesme : *Les Juifs le cherchoient*, dit saint Jean, *& ils disoient, Où est-il? Et on faisoit plusieurs discours de luy en secret parmi le peuple. Car les uns disoient : C'est un homme de bien. Les autres disoient : Non, mais il seduit le peuple.*

Il pourroit aussi dire à l'imitation du Sauveur à ceux qui le persecutent si cruellement : *J'ay fait devant vous plusieurs bonnes œuvres par la grace de mon* Pere : *pour laquelle est-ce que vous me lapidez ?* Il n'est pas en estat de leur faire cette demande. Mais vous, Monsieur, qui voiez assez souvent & des Jesuites & d'autres Religieux, & à qui vostre rang donne droit de leur parler & de vous faire écouter d'eux, pressez-les je vous prie, quelque jour sur ce chapitre. Demandez-leur par quel esprit, par quel motif ils traitent d'une maniere si outrageuse un Prestre & un Docteur Catholique,

lique, & par quel endroit de sa vie, de ses
actions, de ses Livres il leur a donné sujet
d'estre regardé d'eux comme un heretique,
un heresiarque & un seducteur.

Est-ce parce qu'il a fait revivre par le Livre de la *Frequente Communion* les veritez
les plus pures & les regles les plus saintes de
la morale chrestienne; qu'il a mis dans un
grand jour les dispositions saintes que l'on
doit apporter aux Sacremens de la Penitence
& de l'Eucharistie, de l'usage desquels de-
pend le salut de la pluspart des Chrestiens;
& qu'il a contribué le plus à éclairer sur
leurs devoirs les Ministres de ces deux Sacremens? Il seroit bien étrange que ce fut
là la source du mal qu'on luy veut: & j'ay
peur cependant que cela ne soit vrai en partie; quoi que tant d'Evêques & de Docteurs aient témoigné qüe ce Livre ne contient rien que la pure doctrine de l'Ecriture, des Conciles, & des Peres.

Est-ce parce qu'il a défendu avec vigueur
les veritez de la Predestination des Elus &
de la grace de Jesus-Christ, & combattu
les erreurs de Molina? Mais il n'a fait que
suivre en cela les traces que les Papes Clement VIII. & Paul V. luy avoient marquées
dans la Congregation *de auxiliis*, & ce que
les Dominicains, les Augustins, les Carmes dechaussez, &c. font encore tous les
jours.

jours. Car fur la Predeftination gratuite &
fur la grace efficace , il n'a point d'autres
fentimens que ceux de ces Ordres.

Eft-ce parce qu'il a decouvert & denon-
cé à l'Eglife les prodigieux égaremens des
nouveaux Cafuiftes de la Societé ? Je n'en
puis quafi douter. Mais ce qui le doit con-
foler , eft que les Papes & les Evefques, qui
les ont condamnez fur fa denonciation &
celle de fes amis , font à ce compte encore
plus heretiques que luy.

N'eft-ce point auffi parce qu'il a attaqué
avec tant de force & renverfé avec tant de
fuccés les erreurs des Calviniftes & les im-
pietez de leur morale ? J'ay peine à le croire.

Si c'eft parce qu'il a refuté les calomnies &
les erreurs du Sr. Mallet fur l'Ecriture, c'eft
donc un crime de fe juftifier d'erreurs fauf-
fement attribuées, & d'en faire voir de veritables dans fon accufateur.

Si c'eft pour avoir entrepris de défendre
l'Eglife d'Angleterre perfecutée, l'innocence des Catholiques opprimée, le Clergé de
France calomnié par le libelle *de la Politique du Clergé*, d'avoir fait retomber fur les
heretiques les accufations d'infidelité envers
les Princes, dont ils chargeoient les Catholiques; & d'avoir maintenu d'une maniere
triomphante la Souveraineté des Roys: ce
font des crimes & des herefies dont il fera
toûjours gloire.   La

La défense des versions des Livres sacrez est peut-estre une de ses plus grandes heresies. Mais par bonheur pour luy elle luy est commune avec les Docteurs de Louvain, qui ont traduit la Bible entiere ; avec le Cardinal Bellarmin Jesuite, qui a soutenu à Kemnitius Lutherien, qu'il calomnioit l'Eglise en luy imputant de défendre les versions de l'Ecriture en langue vulgaire ; enfin avec les Papes, qui en ont fait faire eux-mesmes par quelques Jesuites, au rapport de ces Peres, & qui n'accorderoient pas comme ils font des permissions de lire l'Ecriture en langue vulgaire à ceux qui le demandent & qui le peuuent faire utilement & avec fruit, s'il ne consentoient & ne trouvoient bon qu'il y eut de ces Traductions au monde.

Enfin il faut donc que l'heresie de Mr. Arnauld se trouve, ou dans la refutation d'une accusation calomnieuse d'heresie, comme il l'a fait par le Livre du *Phantôme du Jansenisme*, ou dans la denonciation des erreurs & des heresies réelles & veritables qu'il a découvertes & exposées au jugement de l'Eglise & du S. Siege.

Mais quand au premier, ce seroit une étrange extremité à un Docteur celebre, accusé publiquement d'heresie par un Docteur Savoiard, l'Echo des Jesuites, à un Ca-

Catholique qui n'a rien plus cher que sa foy, de ne pouvoir se laver d'un crime de cette nature dont il se sent innocent, sans s'en rendre coupable. S'il y a des gens assez injustes à Liege pour exercer cette rigueur envers M. Arnauld, il y en a ailleurs d'assez équitables pour reconnoistre que ce Docteur en se justifiant contre l'accusation du Savoiard a fait encore une chose tres-avantageuse à l'honneur & au repos de l'Eglise, en faisant voir par des preuves demonstratives, non qu'il n'y ait point d'erreurs dans les cinq propositions en les prenant dans les mauvais sens dans lesquels elles ont esté condamnées, mais que l'on n'a jamais pu trouver personne dans l'Eglise qui les soutint dans ces mauvais sens condamnez : tous ceux que les Jesuites ou d'autres en ont accusez aiant toûjours esté tres-soumis à la condamnation que l'Eglise & le S. Siege en ont faite, par les decisions du Concile de Trente & par les Bulles des Papes Innocent X. & Alexandre VII. N'y aiant donc personne qui soutienne ces heresies, personne qui ne les condamne, c'est en ce sens une heresie chimerique que le Jansenisme ; les Jansenistes, des heretiques imaginaires; & leur secte, une secte phantastique & inventée par ceux qui en ont à faire pour leurs desseins. Or qui ne voit que comme d'un

M

costé

costé c'est une espece de deshonneur & un
vrai malheur à l'Eglise, quand ses propres
enfans corrompent la pureté de sa doctrine,
excitent dans son sein des revoltes & des
troubles, & en arrachent un grand nombre
de ses membres, comme il arrive toûjours
dans les nouvelles heresies ; c'est d'un autre costé un grand crime de calomnier & de
troubler l'Eglise & ses enfans par de faux
bruits d'heresies & de sectes naissantes,
en imposant à un grand nombre d'Ecclesiastiques & de Laïques des erreurs dont ils
sont infiniment éloignez. Car ces bruits &
ces accusations calomnieuses soutenues par
le credit d'une Compagnie puissante, répandue par tout, & autorisée dans l'esprit des
Princes par une grande reputation, ne peuvent manquer de causer un grand nombre
de jugemens temeraires, de faux soupçons,
de vexations injustes, & d'engager mesme
souvent l'Eglise à faire souffrir aux plus
fideles & aux plus soumis de ses propres enfans les chatimens qui ne sont dûs qu'aux
rebelles & aux refractaires.

C'est par consequent redonner le repos &
la joie à l'Eglise troublée & inquietée par ces
fausses alarmes, que de luy faire voir qu'elle n'a point d'enfans qui soient infectez de
ces erreurs ; qu'elle n'en a aucun qui ne soit
invariablement attaché à sa foy & à son autorité,

torité, & à celle du S. Siege & des Evêques; & que ceux qu'on leur avoit rendus suspects, ou par un mal-entendu qui s'est éclairci avec le tems, ou par des interests qui ne sont que trop publics, n'ont rien qui merite leur indignation, rien qui ne merite au contraire leur protection & leur estime.

Quant à la denonciation des veritables erreurs, les Decrets du S. Siege qui les foudroient suffisent non seulement pour la justification du Denonciateur, mais encore pour faire connoistre combien sa foy est pure & combien son zele est utile à l'Eglise, combien il est autorisé & approuvé du saint Siege, en mesme tems qu'on le fait passer pour un heretique & pour un calomniateur.

Je prie donc nostre ami de vouloir bien se donner la peine de comparer ces deux sortes de denonciateurs, les Jesuites à l'égard de M. Arnauld & de ses amis; & M. Arnauld & ses amis à l'égard des Jesuites.

Les Jesuites armez de la faveur & de la puissance de tous les Potentats de l'Europe, soutenus d'un nombre infini d'amis & de creatures, animez d'un amour demesuré de leur Societé, & picquez jusqu'au vif de la voir blessée dans l'endroit le plus sensible qui est la direction des ames, dont le plus grand attrait à leur égard est la facilité de donner l'absolution à tous venans; enfin munis &

M 2

secou-

secourus de leurs richesses immenses, ils en-
treprennent de faire condamner M. Arnauld
& ses amis : & aprés beaucoup de caballes,
d'intrigues, de travaux & de depenses incroiables, tout aboutit à faire condamner
cinq propositions que tout le monde, &
M. Arnauld mesme avoient toûjours condamnées avant les Bulles, & que tout le
monde condamna encore sans hesiter, auf-
sitost que ces Bulles parurent, en se declarant toutefois en mesme tems pour le sens
de la grace efficace par elle-mesme, qui certainement n'y estoit pas condamnée, & sur
laquelle toutefois on avoit grande raison de
croire que les Jesuites vouloient faire retomber cette condamnation.

Au contraire M. Arnauld caché dans un
coin du monde, dépourvu de tout secours,
aiant à dos la plufpart des Puissances du siecle, sans avoir dans la Cour de Rome aucun Agent, ni aucunes intelligences, dé-
nonce par des Ecrits publics la Morale des
Jesuites en la maniere que j'ay dite; le nouveau Systeme de la nature & de la grace, auquel ils ont témoigné prendre autant de
part que l'Auteur même; l'herefie du peché
Philofophique, & l'Impieté qui détruit le
grand commandement de l'amour de Dieu;
& tout cela est condamné à Rome : les trois
derniers Articles, par N. S. P. le Pape Alexandre

dre VIII. & le premier, c'est à dire la Morale, par trois Decrets des Papes Alexandre VII. & Innocent XI. qui en condamnent cent dix Propositions : sans parler de la Theologie Morale du P. Bauny leur grand Oracle, censurée en 1640. dans ses trois ouvrages par le Pape Urbain VIII.

Et ce qui est fort remarquable, est que les Jesuites aiant fait faire des Apologies de leur Morale, une par leur P. Pirot grand Directeur de leur Maison Professe de Paris, & auteur de l'infame *Apologie des Casuïstes* : une autre par leur P. Moïa Espagnol, alors Confesseur de la Reine Douariere d'Espagne Marie Anne d'Autriche : une troisiéme sous le nom de Bernard Stubrock par le feu P. Honoré Fabri, grand Personnage parmi eux & un de leurs Penitenciers à S. Pierre du Vatican : la quatriéme en deux volumes in folio composée & recueillie par le même, & approuvée par le R. P. de la Chaise Confesseur du Roy Tres-Chrestien, & de huit autres Jesuites du premier Ordre : une 5. par leur bon ami Caramuel ; toutes ces Apologies ont esté condamnées à Rome. La qualité de ceux qui les avoient faites ou approuvées, fait voir quelles sont les maximes de ceux qu'ils donnent aux Grands pour Confesseurs, qu'ils mettent dans les Confessionnaux les plus considerables, & à

qui

qui ils confient les directions les plus importantes.

Ma Lettre, Monsieur, s'est infen-
siblement grossie sous ma main contre mon
intention. Je n'en suis pas trop fâché, parce
qu'elle pourra servir à faire revenir Monsieur.....de ses préventions. Il verra assez les
conséquences qu'il faut tirer de cette suite
de faits que je vous ay rapportez, & qu'il
peut verifier sur les livres imprimez, d'où
je les ay tirez moi-mesme. Je m'en vas
cependant luy en marquer quelques unes,
qui viendront naturellement dans l'esprit
de tout homme équitable & intelligent,
qui voudra bien s'y appliquer.

I. CONSEQUENCE.

La 1. est, Que si l'on veut juger sans
préoccupation, qui de M. Arnauld ou des
Jesuites est mieux fondé pour former contre son adversaire une accusation d'erreur,
il paroitra visiblement que c'est M. Arnauld
qui a pour cela un droit incontestable, sans
que les autres aient pour le faire contre luy
un fondement tant soit peu raisonnable.

II. CONSEQUENCE.

La 2. Que quand on admettroit par grace

ce les Jesuites à former leur accusation contre ce Docteur , il faut qu'ils produisent
des textes formels tirez de ses livres & de
ses Ecrits, où ils fassent voir des erreurs ou
des heresies condamnées expressément par
l'Eglise ou par le S. Siege, par les Conciles
ou par les Papes; comme luy & ses amis ont
toujours fait à leur égard.

III. Consequence.

La 3. Que les Jesuites ne l'aiant pas fait
jusqu'à present, aiant tant d'intereft de le
faire, c'est une preuve infaillible qu'ils font
dans l'impuissance de le faire, & qu'ils y ont
toujours esté.

IV. Consequence.

La 4. Que les accusations vagues faites
par eux jusqu'à present sans la moindre preuve, & en mesme temps avec toutes les marques d'une passion irritée & d'un esprit de
vengeance, ne peuvent passer que pour de
pures calomnies, principalement si aux
considerations précedentes on ajoute ces
deux-ci.

La 1. Que les Jesuites regardent M. Arnauld comme leur plus grand ennemi, &

 com-

comme un homme qui a beaucoup nuit à la reputation de la Societé. Et certes il faut avouer que tout ce qu'il a fait depuis prés de cinquante ans, non pour les décrier, mais pour décrier leurs nouveautez, & pour empecher que leurs pernicieuſes maximes, ne nuiſent à l'Egliſe en empoiſonnant les ames, n'a pas ſervi à augmenter l'eſtime que l'on avoit de ces Peres.

2. Que c'eſt une maxime capitale de leur Morale corrompue, & un principe indubitable dans leurs Auteurs : *Que ce n'eſt qu'un peché veniel de calomnier & d'impoſer de faux crimes pour ruiner de creance ceux qui parlent mal de nous.* Car c'eſt mot pour mot ce qu'ils ſoutinrent publiquement dans leur College de Louvain par une Theſe imprimée en 1645. *Quidni nonniſi veniale ſit, detrahentis autoritatem magnam, tibi noxiam, falſo crimine elidere.* Leur P. Dicaſtille de juſtit. l. 2. tr. 2. diſp. 12. n. 404. ſoutient auſſi, *Que la calomnie lors qu'on en uſe contre un Calomniateur, quoi qu'elle ſoit un menſonge, n'eſt pas neanmoins un peché mortel, ni contre la juſtice, ni contre la charité.* Il l'avoit ſi bien enſeigné à la Cour de l'Empereur Ferdinand III. & ſur tout à ſa penitente la Comteſſe de...... Intendante de la Chambre de l'Imperatrice, que cette Dame aiant rempli l'eſprit des Filles-d'honneur de

cette

cette Princeſſe d'une ſi pernicieuſe maxime, ces filles en la mettant en uſage exciterent de tres grands ſcandales dans cette Cour, & la mirent toute en combuſtion. Le P. Quiroga Capucin fut appellé pour les deſabuſer. *Il eut*, dit le P. Dicaſtille meſme, *la te-merité de décrier cette opinion parmi des fem-mes & des ignorans.... Mais pour la prouver je luy ay fourni en foule nos Peres, & les Uni-verſitez entieres qui en ſont compoſées, que j'ay conſultez ; & entr'autres le R. P. Jean Gans, Confeſſeur de l'Empereur ; le R. P. Daniel Baſtel, Confeſſeur de l'Archiduc Leopold ; le P. Henri, qui a eſté Precepteur de ces deux Princes, & tous les Profeſſeurs publics & or-dinaires des Univerſitez de Vienne, de Gratz, de Prague, tous Jeſuites, dont j'ay en main les Approbations de mon opinion écrites & ſignées de leur main. Outre que j'ay encore pour moy le P. Pegnaloſſa Jeſuite, Predicateur de l'Em-pereur & du Roy d'Eſpagne, le P. Pilliceroli Jeſuite, & bien d'autres qui avoient tous jugé cette opinion probable avant noſtre diſpu-te.* Il n'y a rien là qui ne ſoit extrait du livre de ce Jeſuite. Voiez la quinziéme Lettre Provinciale où cette opinion eſt examinée.

Vous jugez bien, Monſieur, que la crainte d'un peché veniel n'eſt gueres ca-pable d'arreſter un Jeſuite, quand il eſt que-ſtion de l'honneur de ſa Compagnie, à la

quelle

L. 1. c. 3. § 3.

quelle il ne croit pas qu'il y ait rien de comparable ſur la terre. Et puis eſt-il ſi difficile de trouver des moiens d'épargner meſme ce peché veniel à un zelé Calomniateur ? Ces Jeſuites que j'ay nommez ne ſavoient pas tout ; mais un P. Tambourin, qui eſt venu depuis, en a trouvé le ſecret. Qui dit le Pere Tambourin, dit un des plus grands hommes de la Societé, loué & approuvé par le General & par pluſieurs de ſes Theologiens. Il fait donc cette queſtion : *S'il eſt permis d'impoſer à un témoin injuſte d'auſſi grands crimes, qu'il eſt neceſſaire pour noſtre juſte defenſe ; lorſque l'on ne peut s'en defendre autrement ?* Vous avez horreur, Monſieur, de voir mettre cela en queſtion ; & vous ne doutez quaſi pas qu'il ne réponde, que c'eſt bleſſer non ſeulement la verité, mais encore la juſtice. Point du tout : *Il m'eſt probable,* dit-il, *qu'on ne peché point en cela contre la juſtice.* Or dés qu'il eſt probable, la conſcience eſt en ſureté ſelon ſes principes : *La moindre probabilité,* dit-il, *ſoit d'autorité, ſoit de raiſon, ſuffit pour bien agir.*

Mais comment ſauver le menſonge & le parjure en cas qu'il fallut emploier un ſerment pour appuier la calomnie ? Ce n'eſt pas pour luy une affaire : *On pourroit,* dit-il, *uſer d'équivoque, & ainſi éviter le parjure & le menſonge.*

Il ne veut pas neanmoins aſſurer que cela
ſoit certain. Mais qu'importe, ſelon eux,
pour la pratique, pourvu qu'il ſoit probable. Il trouve quelques inconveniens en ſon
chemin qui ſemblent l'arreſter; mais il fait
aſſez voir qu'il ne faut pas s'en embaraſſer
beaucoup : *Car quoy ?* dit-il; *s'il falloit prou-*
ver que ce témoin qu'on veut décrier, eſt un
Sodomite, un excommunié, un heretique?
(ce dernier cas eſt celuy de M. Arnauld)
Que ce témoin, dira-t'on, s'en prenne à luy-
meſme. J'entens bien. Mais je ſuis encore
en peine. Car quoy? s'il falloit falſifier pour
cela des pieces publiques, pourroit-on porter
un Notaire public qui ſeroit certain de mon
innocence, à les falſifier pour ſervir de preu-
ves aux crimes qu'on ſuppoſeroit à ce faux
témoin? Pourquoy non? dira-t'on. Quid ni?
Car ce n'eſt pas eſtre infidele envers la Republi-
que, mais extremement fidele; puis que c'eſt
pour defendre les perſonnes innocentes de la
Republique. Mais ſi on ouvre cette porte, que
deviendront les jugemens publics? Qu'on
trouve, dira-t'on, de bons témoins, comme
les demandent les Tribunaux où la juſtice eſt
bien rendue. Car quand on repouſſe de faux
témoins par quelque artifice que ce ſoit, ce n'eſt
pas affoiblir, mais fortifier les jugemens pu-
blics. J'entens bien: je le dis encore une fois,
(c'eſt à dire, cela me paroiſt raiſonnable, &
je

je m'en accommode affez) *mais parce que cela me femble encore dur à digerer, je referve volontiers à un autre tems à demêler ce nœud.*

C'eft à dire, que cela ne luy paroiffoit pas tout-à-fait certain, & qu'il falloit encore quelque tems pour meurir cette opinion, & la rendre au moins probable. Car il ne la croit pas évidemment fauffe, ni évidemment contraire à l'Ecriture ou à la raifon; & cela fuffit, felon eux, pour la rendre probable.

Mais depuis trente ans que Tambourin a écrit, elle doit avoir fait bien du progrez. Ainfi fi la Compagnie, qui regarde M. Arnauld comme un calomniateur, comme un faux & injufte témoin à fon égard, juge qu'il n'y ait pas d'autre moien pour fe defendre de fes accufations, que de luy impofer de grands crimes, tel qu'eft celuy de l'herefie, elle peut en bonne confcience n'épargner ni calomnies, ni ferments, ni fauffes pieces : & elle en fera quitte pour dire : *Que M. Arnauld s'en prenne à luy-même.*

En effet, fuppofé la doctrine du P. Lamy touchant le meurtre des calomniateurs, je ne voy pas où feroit la matiere du fcrupule dans l'efprit de ces bons Peres. Car on peut bien calomnier ceux que l'on peut affaffiner : & qui feroit contraint de choifir l'un des deux,

deux, s'en tiendroit aſſurément au premier. Or c'eſt le ſentiment de pluſieurs Caſuiſtes de la Compagnie, *Licere contumelioſum oc-cidere, ſi aliter ea injuria arceri nequit.* Le P. Lamy cenſuré à Rome & à Louvain s'en explique ainſi dans ſon Cours de Theologie Tome 5. Diſp. 36. n. 118. de l'Edition de Douay. *Il eſt permis à un Eccleſiaſtique ou à un Religieux, de tuer un Calomniateur qui me-nace de publier des crimes ſcandaleux de ſa Communauté, ou de luy-même, quand il n'y a que ce ſeul moien de l'en empeſcher; comme s'il eſt preſt à repandre ſes médiſances, ſi on ne le tue promptement. Car en ce cas, comme il ſeroit permis à ce Religieux, de tuer celuy qui luy voudroit ôter la vie, il luy eſt de meſme permis auſſi bien qu'aux gens du monde, de tuer celuy qui luy veut ôter l'honneur, ou celuy de ſa Communauté.*

V. Conſequence.

La V. Conſequence que voſtre ami doit tirer de ces principes, eſt fort naturelle. C'eſt que loin de s'étonner que les Jeſuites aient repandu, & repandent encore tous les jours tant de calomnies contre M. Arnauld, aprés tout le tort qu'ils croient qu'il a fait à la reputation de leur Compagnie, il faudroit s'étonner qu'ils ne le fiſſent pas: puis que

le

le pouvant faire en bonne conscience selon leurs maximes ; ils croiroient manquer a ce qu'ils doivent à leur Compagnie, s'ils negligeoient cet avantage & ce moien de reparer son honneur. Ne prenons donc pas si aisément l'alarme, quand nous entendons les clameurs de ces bons Peres contre M. Arnauld. Ils ont crié autrefois comme ils crient aujourd'huy ; & vous feriez surpris de voir dans les écrits & les livres qu'ils firent contre la Frequente Communion, jusqu'à quel point ils porterent la calomnie pour l'opprimer, & pour vanger l'honneur d'un de leurs Confreres. Aprés avoir esté informé, par tout ce que je vous ay rapporté, de l'excellence de cet ouvrage & de la pureté de sa doctrine, vous vous mocquerez de ces terribles alarmes qu'ils donnerent alors à l'Eglise. Croyez-moy, il en sera de celles de ce tems-cy comme de celles de ce temps-là ; & tel en rira un jour qui en tremble de peur aujourd'huy.

Vous avez vu ce qui se passa au sujet du Livre de la *Frequente Communion* ; de quels éloges les plus grands Evêques accompagnerent le témoignage qu'ils donnerent de la pureté de sa doctrine ; avec combien de gloire & d'avantage M. Arnauld sortit de cette affaire ; & que le Livre enfin est dans l'estime de tout le monde. M. de Perefixe

refixe Archevêque de Paris en parloit avec admiration dans le tems mesme qu'il traitoit avec plus de dureté ce Docteur & les Religieuses de Port-Royal ; il avouoit à celles-cy qu'il en estoit fort touché, & qu'il ne le lisoit jamais sans en devenir meilleur. Cependant comment les Jesuites traiterent-ils & le Livre & l'Auteur dés qu'il parut au jour ? N'armerent-ils pas contre l'un & l'autre tout ce qu'ils avoient de langues & de plumes plus vehementes dans la Societé ? Ne voit-on pas encore à leur honte les Livres imprimez où ils assurent que cet ouvrage avoit esté entrepris sur le projet & le plan d'une *assemblée de Deistes, pour ruiner les deux Sacremens de la Penitence & de l'Eucharistie, & renverser ensuite tout le Christianisme ? Que c'estoit la production d'une secte d'Illuminez, de visionnaires, de faux Prophetes ; Qu'il n'y paroissoit que des desseins de fourberies, d'embûches & de revolte contre l'Eglise, pareilles à celles d'Arrius, de Luther & de Calvin, & des intentions malicieuses & empoisonnées des heretiques & des schismatiques, de ces malices spirituelles que le diable inspire, & dont se forment les heresies : Qu'il est plein de fautes importantes & en si grand nombre, qu'elles seroient capables de remplir un livre plus gros que celuy-la ; d'erreurs palpables qui heurtent le*

Voyez la 2. Lettre de M. Arnauld à un Duc & Pair. P. III.

sens

sens commun, & qui couvriroient de honte mê-
mes les plus simples & grossiers ; d'une infi-
nité d'erreurs repandues dans chaque partie
du livre ; des aveuglemens horribles ; des pa-
radoxes semblables à ceux des Stoïques, qui
dementent les lumieres & les préjugez de la
raison naturelle ; des paroles qui font horreur
à tous les Catholiques ; des horribles blasphe-
mes & des heresies ; des absurditez visibles,
& des propositions si exorbitantes, qu'elles re-
butent d'abord tout entendement raisonnable.
Enfin, pour abreger leurs volumes d'inju-
res, ce Livre estoit alors, selon eux, un
monstre que l'Auteur avoit enfanté à l'E-
glise, & un Livre si pernicieux que les en-
nemis de l'Eglise l'avoient pris pour leur con-
fession de foy.

Vous jugez bien par les éloges dont ils
ont honoré l'ouvrage, qu'ils n'auront pas
donné à l'Auteur des titres & des qualitez
moins honorables. Il estoit dans leurs Livres, *un seducteur de peuples, un semeur*
de nouveautez, l'auteur d'un cinquiéme
Evangile & d'une heresie née des cendres de
l'heresie de Calvin; un imposteur & affron-
teur de la parole divine, un corrupteur de
toutes les choses sacrées, une peste publique
de la Religion. Il faisoit avec ses amis une
faction schismatique, une caballe d'apôtres à
peu prés de mesme farine que ceux que Luther
assem-

assembla pour ses premiers disciples. Il avoit ajouté l'impudence à la présomption, qui est le caractere de l'heresie. Il avoit commis des attentats incroiables & prodigieux sur la sainteté du Concile de Trente. Il veut, disoient-ils, *passer pour heresiarque & pour grand fourbe, afin de passer pour grand esprit : & il a allumé le feu du divorce sacré en bannissant tout le monde de l'Eucharistie.*

J'ay peur, Monsieur, de vous ennuyer, ou plutost de vous faire horreur, par un recœuil de calomnies & d'injures si atroces. C'est pourquoy j'abrege, & je me contente d'ajouter à ce que j'ay marqué, qu'ils appelloient encore M. Arnauld *un esprit foible & malade, un extravagant, un calomniateur, le plus infame sycophante de la terre, homme stupide & vuide d'esprit, directeur impertinent, faiseur de grotesques & de songes chimeriques, un impie, un nouveau Prothée, grand fourbe, grand Lougarou, un traistre, un heresiarque ; un homme qui a servi d'instrument à la rage de quelque demon ennemi du Sacrement de l'Eucharistie, qui a jetté les flammes de division contre les Autels, & dont le Livre merite de passer par les flammes, comme sa personne merite d'estre chastiée selon les Ordonnances de nos Rois comme un seditieux & un perturbateur du repos public, qui fait des assemblées illicites*

N

dans

dans *Paris* & dans les meilleures *Villes du
Royaume*, & dont le crime est digne selon
la justice *Royalle* d'une plus grande peine que
celle de la prison. Enfin une *peste de Religion
& d'Etat* qu'il faut étouffer en joignant la
foudre au tonnerre, & l'epée *Royalle* à celle
de l'Eglise.

Je vous prie de croire, Monsieur, que
tout cela est fidelement extrait des Livres
que firent en ce tems-là leurs Peres Petau,
Seguin, Pinthereau, Annat, Lombart sous
le nom d'Eusebe, & autres qui écrivirent ou
sans aucun nom, ou sous des noms sup-
posez : & s'il ne tient qu'à vous en citer
les chapitres, les pages, & les lignes, pour
le faire croire à nostre ami, il n'a qu'à dire,
cela sera bien-tost fait. Il le peut voir dans
la *Défense des Prelats Approbateurs du Livre
de la Frequente Communion* ; imprimée en
1646.

Cependant je le supplie de comparer ces
outrages & ces injures avec les éloges & les
louanges des Evesques, les jugemens des Papes, & les témoignages de tant d'autres personnes illustres qui ont étouffé la voix de ces
clameurs enragées. Ce Livre si abominable
est maintenant dans l'approbation generale de
tout le monde, & il n'y paroist rien qui ait
pu irriter à un tel point les Jesuites, sinon
qu'il est fait contre un Jesuite, & que c'est
M. Ar-

M. Arnauld qui l'a fait. Croyez-moy, Monſieur, il en ſera de meſme de tout ce que cette Societé publie aujourd'huy contre ce Docteur. On verra un jour que la ſeule paſſion de depit & de vengeance qu'ils ont conçue contre luy, & le droit qu'ils croient avoir de calomnier à toute outrance ceux qu'ils ont intereſt de decrier, ſont les ſeuls fondemens de tous les faux bruits qu'ils repandent par toutes ſortes de voies dans le monde. M. Arnauld n'eſt heretique, que parce que les Jeſuites le croient ennemi de leur Societé: & s'il devenoit leur ami en la maniere qu'ils le voudroient, il deviendroit orthodoxe; & ſa doctrine, exemte de tout ſoupçon d'hereſie.

En attendant ce changement, je croy noſtre ami de trop bon ſens, pour vouloir ſe ranger plutoſt du coſté de ces témoins ſi ſuſpects & ſi interreſſez à perdre M. Arnauld de reputation; que de celuy de tant de témoins deſintereſſez & irreprochables que je luy ay produits en faveur de ce Docteur. Les témoignages qu'ils ont fait l'honneur à M. Arnauld de rendre à ſa probité, à ſa vertu, à la pureté de ſa foy & aux grands ſervices qu'il a rendus à l'Egliſe, & tout ce que la voix publique y ajoute, le mettent au-deſſus de tous les mépris & de toutes les vaines accuſations de quelques perſonnes

 ſuſpe-

Jeſuita-rum ho-ſtis in-fenſiſ-ſimus. P. Pugean.

suspectes, tels que sont les cinq Mandians
qui avec le Recteur du College ont soufcrit
l'impertinent Decret du 25. d'Aouſt dernier,
dont vous m'avez envoié copie. Plus je
le confidere, plus j'admire l'audace de ces
gens-là; & plus en mefme tems je fuis furpris de ce que ceux qui ont l'autorité fouf-
frent que des Religieux faffent ainſi des affemblées fans aucune permiſſion pour des
affaires qui ne les regardent pas, & qu'ils
aient eu la hardieſſe de faire fignifier par
deux fois à M. le Vicaire du Dioceſe le re-
fultat d'une telle affemblée, *pour l'avertir
qu'un certain Arnold tient chez luy des
conventicules, qu'il y repand une doctrine fu-
ſpecte, & que M. le Vicaire doit diſſiper ces
conventicules, & défendre toute converfa-
tion avec ledit Arnold.* J'ay peur enfin que
fi M. le Vicaire General n'obeït, il ne luy
vienne de leur part une troiſiéme monition,
& qu'aprés cela ils ne l'excommunient.

Au bout du compte je trouve qu'il n'y a
rien que d'avantageux pour M. Arnauld
dans ce prétendu Decret; puiſqu'il en re-
fulte que les Jefuites, avec tout leur credit, parmi ce grand nombre de Religieux de
toutes fortes d'Ordres qui font dans Liege,
les Benedictins de l'Abbaye de S. Jacques,
ceux de l'Abbaye de S. Laurent, les Norbertins de Beaurepart, les Chanoines Reguliers

liers de l'Abbaye des Escoliers, ceux de S. Gilles, les Croisiers, les Capucins, les Minimes, les Guillelmites, &c. n'ont pu trouver personne qui ait voulu entrer dans ce complot seditieux, hors cinq Religieux mandians & un Jesuite. Car remarquez, s'il vous plaist, qu'il n'y a que des mandians. Vous en voiez bien la raison : les autres n'ont que faire des Jesuites. Encore at'il fallu aller chercher un Vicaire des Carmes déchauffez pour remplir la place des grands Carmes, qui n'y ont point voulu assister, & que le seul Souprieur des Augustins y est allé, à ce qu'on dit, contre le sentiment de son Prieur & de sa Communauté. En un mot toutes les intrigues & tous les efforts du P. d'Assigny Recteur du College des Jesuites ont abouti à luy faire trouver cinq Religieux mandians & mandiez pour luy servir d'Assesseurs dans son tribunal d'Inquisition, qu'il vient de s'eriger dans nostre Ville.

En verité vous estes bien bons, vous autres Messieurs qui avez l'autorité, de souffrir de telles entreprises. Et ne voyez-vous pas que si la demarche de ce conciliabule leur reussissoit (car ce n'est pas ici un conciliabule chimerique comme ceux de M. Arnauld) il n'y a pas un honneste homme dans Liege à qui ces gens-là ne pûssent faire

                une

une semblable insulte, s'il venoit à leur déplaire, ou à leur devenir suspect de favori-
ser le phantôme du Jansenisme, dont ils
font M. Arnauld le chef. Il est toûjours
dangereux de laisser fortifier une telle audace, & elle se fortifie toûjours quand on n'a
pas soin de la reprimer dés le commencement. Croyez-moy, des assemblées de gens
poussez d'un faux zele de Religion, appuiez
de la reputation que leur attirent leur habit,
leur estat, leur austerité exterieure armez
du credit que la direction leur donne sur l'esprit des peuples, & sur tout animez, en-
couragez & conduits par un Recteur des
Jesuites, font plus à craindre qu'on ne pen-
se ; & si vos politiques s'en mocquent,
j'ose dire qu'ils n'y entendent rien. Déja
le P. d'Iserin se vante d'avoir ou commis-
sion ou permission de Son Altesse de
faire arrester M. Arnauld par tout où il le
trouvera dans le Diocese. Je ne vous dis pas
cela comme un bruit de ville, mais comme
une chose certaine. Il l'a dit luy-mesme à
Monsieur...... & je le sçay de luy.

Voilà donc l'Officier de la nouvelle Inquisition tout trouvé. Il ne tiendra pas à
luy qu'on n'agisse vigoureusement. C'est
un homme ardent, qui en peu de tems bat
bien du pays, qui a l'air cavalier, & qui
s'est toûjours donné des mouvemens ex-
traor-

traordinaires. En un mot, c'eſt un étour-
di propre à tout entreprendre ; & croiez-
moy, il ne faut pas laiſſer la bride trop lâche à ces ſortes d'Eſprits. Car ſi aprés des avis
donnez aux Superieurs, & dont on n'a fait
ni le cas, ni l'uſage qu'ils deſiroient, on les
voit ſi diſpoſez à en venir à des violences de
cette nature, juſqu'à ſe vouloir bien char-
ger eux-meſmes de l'execution avec la permiſſion du Souverain, ils n'auront pas de
peine à ſe paſſer de cette permiſſion pour
tout ce qu'il leur plaira d'entreprendre, auſſi-
toſt qu'ils ſe ſentiront aſſez forts & aſſez ap-
puyez de la populace.

Ce n'eſt pas que je croie qu'il ſe trouve
quelqu'un aſſez ſimple pour ajoûter foy à
ce diſcours du P. d'Iſerin. On n'a jamais
fait fond ſur ſa parole, & il a beſoin plus
que jamais, pour eſtre cru, d'une bonne
caution, depuis ſes horribles calomnies contre les PP. de l'Oratoire; calomnies dont la
fauſſeté & l'impoſture viennent d'eſtre confirmées par une ſentence juridique & contradictoire du Juge naturel de ces Peres; & depuis encore qu'on a reconnu combien eſtoit
faux tout ce qu'il a oſé avancer contre M. le
Paſteur de S. Adalbert dans ſes exhortations,
ou plutoſt dans ſes declamations ſcandaleuſes
de l'été dernier. J'ay voulu me donner la
ſatisfaction d'examiner moy-meſme tous les

endroits du livre où il dit que cet Examinateur Synodal a approuvé des erreurs; je les ay confrontez avec ce qu'il luy reproche, & je vous assure, Monsieur, que jamais je n'ay esté plus surpris, voiant un Prestre & un Religieux, qui se mesle de donner des leçons de pieté à ses Congreganistes, calomnier si hardiment un Pasteur de reputation, qui s'acquitte avec edification de sa charge, & sur qui son Altesse a bien voulu se reposer en partie de l'examen de la doctrine dans son Diocese. Car j'ay trouvé dans le livre tout le contraire de ce qu'il luy a imposé, comme il l'a fait & de vivevoix & dans une lettre qu'il a eu l'imprudence de luy écrire. Je l'ay vue entre les mains d'un homme qui fera bien voir du pays au P. d'Iserin, s'il luy prend phantaisie de vouloir justifier ses calomnies.

Jamais donc personne ne fut moins propre à faire croire ce qu'il avance de nostre Prince, que ce pauvre homme, quand on n'en voudroit juger que sur les apparences & par conjecture. Mais il n'est pas necessaire en cette occasion de conjecturer, puisque nous savons, Monsieur, vous & moy de science certaine, que rien n'est plus faux ni plus chimerique que la permission que ce Père se vante d'avoir reçue; & que plusieurs autres personnes d'honneur le savent aussi bien que nous.   Ne

Ne faut-il pas que cet homme ait une étrange vanité dans la teste, pour s'estre cru necessaire à l'execution des grandes choses & des plus importantes à l'Estat, telle que la Societé se figure le dessein d'arréter M. Arnauld. Il est vrai que ce seroit le comble de leurs vœux de l'avoir entre leurs mains. Et je croy en effet, que si M. Arnauld avoit a estre arresté, il faudroit que ce fut de la main d'un tel Jesuite; nul n'estant plus digne d'une action si honteuse. Mais ils peuvent bien s'assurer que nostre Prince ne leur en donnera pas le plaisir. La droiture & la generosité de son cœur ne luy permettront jamais d'avoir une telle pensée.

Le P. d'Iserin a cru se faire beaucoup d'honneur en se donnant un nouvel emploi dans l'Etat, & en se mettant au nombre des Officiers de son Altesse. Mais à quoy cela peut-il aboutir, sinon à decouvrir sa passion, & à le rendre ridicule ; tout le monde dans Liege sachant bien que le Prince a assez d'Officiers sans en aller chercher chez les Jesuites, & qu'il ne se sert ni d'eux ni d'autres Reguliers pour executer ses ordres, quand il en a à donner.

Au reste il ne pouvoit deshonorer d'avantage S. A. qu'en luy imposant un dessein de cette nature, qui luy feroit un si grand

tort

tort dans l'esprit de tous les honnestes gens.

Car que pourroit-on dire pour excuser un Prince Ecclesiastique qui refuseroit de donner retraite dans ses Estats à un Prestre & un Docteur d'un si grand merite, âgé de prés de quatre-vints ans, qui a servi l'Eglise toute sa vie, qui n'a jamais esté convaincu d'aucune erreur, ni accusé d'aucun dereglement, qui est dans la communion de l'Eglise & du S. Siege, & qui n'est hors de son pays depuis plus d'onze ans, que par ce que la malignité de ses ennemis ne l'y a pu laisser en paix. On ne dira pas sans doute qu'il y a danger pour l'Etat : cela seroit trop plaisant d'avoir peur d'un Prestre de son age, qui n'ose mesme se montrer, qui n'a jamais sçu ce que c'est qu'intrigue, & moins encore ce que c'est que la moindre infidelité envers personne. On ne pourroit pas s'imaginer que ce fut par complaisance envers la Cour de France, où les Jesuites se font honneur de l'avoir mis mal. On seroit donc reduit à dire, ou que sa doctrine est suspecte, ou que l'on a si à cœur les interests des Jesuites, que l'on veut prendre parti pour eux contre ce Docteur : & assurément, apres tout ce que je vous ay rapporté dans ce Memoire, autant qu'il y auroit peu d'honneur dans le dernier parti autant le premier seroit-t'il insoutenable. Mais pour faire grace au P. d'I-
serin

ferin, je veux me perſuader qu'il n'a pas pas cru luy meſme ce qu'il a dit aux autres. Il a voulu par le bruit de cette permiſſion, qu'il a affecté de repandre dans Liege, donner la peur à Mr. Arnauld, & le porter à chercher ailleurs un azyle plus aſſuré. Mais il le connoiſt mal s'il le croit capable de s'inquieter de ces ſortes de bruits. Il y a prés de cinquante ans que, graces à Dieu & aux Jeſuites, il a commencé de s'accoutumer à n'avoir point d'autre appuy aſſuré que la protection de Dieu, & à faire fond uniquement ſur la vigilance & le ſoin que ſa providence divine a toûjours eus pour ceux qui mettent en luy leur eſperance. Elle ne luy a jamais manqué. Elle luy a toûjours fourni a point nommé, pour ainſi dire, de genereux & fideles amis dans les occaſions où il en a eu beſoin, & il vit dans un parfait repos ſous les ailes de cette protection toute puiſſante & ſous cette main aimable ; aiant ſujet de dire à Dieu avec autant de reconnoiſſance pour le paſſé, que de confiance pour l'avenir : *Tenuiſti manum dexteram meam, & in voluntate tua deduxiſti me.*

Apres tout, quand Dieu permettroit que les artifices & la recherche de ſes ennemis prevalûſſent, il eſpere que Dieu qui le peut toûjours permettre avec juſtice, le feroit encore

core avec miſericorde : & que celuy qui a
fait tourner à ſa gloire & à la ſanctification
de S. Paul l'abandonnement general dont
cet Apotre ſe plaint : *Omnes me derelique-*
runt ; & au ſalut meſme du monde, l'abandonnement où le Sauveur s'eſt trouvé ſur
la croix : *Non eſt qui adjuvet* ; il eſpere, dis-
je, que Dieu luy feroit uſer d'un tel eſtat
d'une maniere qui honoreroit Sa Majeſté
divine , & qui contribueroit à luy faire
achever plus ſaintement à luy-meſme ſon
ſacrifice, en luy donnant encore cette derniere conformité avec la verité crucifiée &
ſacrifiée pour le ſalut des hommes.

Mais je ſuis bien aiſe, Monſieur, que
vous l'entendiez parler luy meſme ſur ſon
eſtat. Vous ne pouvez eſtre que fort edi-
fié de ſes diſpoſitions , qu'il nous expoſe
bonnement dans la concluſion de ſon ouvrage contre M. Mallet Tom. 2. pag. 603.
où apres avoir parlé de la conduite adorable
de Dieu , qui permet que pluſieurs excellens Eccleſiaſtiques ſoient perſecutez, mal-
traittez , & calomniez ſous le nom d'une ſecte imaginaire, pendant que leurs perſecu-
teurs ſont en honneur & en credit ; il continue ainſi.

„ Nous n'avons pas lieu de nous éton-
„ ner ſi fort de cette conduite. Dieu la per-
„ met ; Dieu l'ordonne pour le bien de ſes
„ élus.

,,élus. Et la confiderant dans cette veue,
,,nous ne devons pas feulement nous y fou-
,,mettre, mais l'adorer, & baifer la main
,,qui nous frappe. Ouï, Mon Dieu, j'a-
,,dore vos voyes, de mifericorde fur les uns,
,,& de juftice fur les autres. J'adore l'infi-
,,nie varieté de vos ordres toûjours juftes,
,,toûjours faints, dans le gouvernement de
,,vos creatures & anciennes & nouvelles,
,,c'eft-à-dire, du monde & de l'Eglife.

,,   Ce feroit avoir peu de foy dans vos pro-
,,meffes, que d'eftre touché de ce qui fe paf-
,,fe dans ces jours de nuages & d'obfcurité,
,,*In diebus nubis & caliginis*, comme vous
,,appellez dans voftre Ecriture ces tems de
,,troubles & de tempeftes, où il femble que
,,vous abandonniez l'innocence à la fureur
,,des mefchants, & que vous preniez plaifir
,,à laiffer triompher le vice, l'injuftice, &
,,la violence. Que peuvent-ils faire, aprés
,,tout, à ceux qui ne mettent leur confian-
,,ce qu'en vous, & qui n'ont d'amour que
,,pour les biens éternels?

,,   Ils furprennent les Princes, & leur font
,,prendre pour leurs ennemis leurs plus fi-
,,delles ferviteurs. Mais le cœur des Rois
,,eft entre vos mains, & vous pouvez en
,,un moment le changer, en leur décou-
,,vrant ce qu'on leur cache, & les détrom-
,,pant des fauffes impreffions qu'on leur
,,don-

„donne. Que s'il ne vous plaist pas de dis-
„siper encore ces nuages, ne doit-il pas
„suffire à vos serviteurs, que le fond de
„leur cœur vous soit connu, en attendant
„que vous fassiez la grace aux Princes que
„l'on irrite contr'eux, de penetrer les arti-
„fices dont on les prévient, & de n'user de
„leur pouvoir que pour la punition des
„meschans & la protection des bons, com-
„me vos Apostres declarent que ce n'est que
„pour cela que vous le leur avez donné.

„ Cependant on les proscrira; on les ban-
„nira; on les privera de la liberté. Un
„Chrestien à qui toute la terre est un lieu
„d'exil, & une prison, peut-il estre fort
„en peine du changement de son cachot?
„On vous trouve par tout, Mon Dieu.
„Au milieu des fers on est plus libre que
„les Roys mesmes, quand on vous posse-
„de. Il n'y a de prison à craindre que celle
„d'une ame que ses vices & ses passions tien-
„nent resserrée, & empeschent de jouir de
„la liberté des enfans de Dieu. C'est ce qui a
„fait dire à un de vos Saints, Que la con-
„science d'un meschant homme est rem-
„plie de tenebres plus funestes & plus hor-
„ribles, non seulement que toutes les pri-
„sons, mais que l'enfer mesme: *Horren-*
„*dis & feralibus tenebris omnes non solum*
„*carceres, sed etiam inferos vincit scelerati*
„*hominis conscientia.* S. Augustin.

,, ‎Mais on pourra bien mourir des fatigues
,, & des travaux qui accompagnent une vie
,, errante. L'évitera-t'on quand on seroit
,, le plus à son aise ? Un peu plutost ou un
,, peu plus tard, qu'est-ce que cela quand
,, on le compare à l'eternité. Vous avez
,, conté nos jours. On n'est entré dans ce
,, monde que quand vous l'avez voulu, &
,, on n'en sort que quand il vous plaist. Les
,, maux de ce monde effraient quand on les
,, regarde de loin ; on s'y fait quand on y
,, est, & vostre grace rend tout supportable ;
,, outre qu'ils sont toûjours moindres que
,, ce que nous meritons pour nos pechez.
,, Vous nous avez appris par vostre Apostre
,, que tous ceux qui vous servent doivent
,, estre disposez à dire comme luy : *Je sçay*
,, *vivre pauvrement ; Je sçay vivre dans l'a-*
,, *bondance. Ayant éprouvé de tout, je suis*
,, *fait à tout, au bon traitement & à la faim,*
,, *à l'abondance & à l'indigence. Je puis tout*
,, *en celuy qui me fortifie.*

,, Mais combien est-on encore éloigné de
,, l'estat de ceux dont ce mesme Apostre dit :
,, qu'ils *estoient abandonnez, affligez, per-*
,, *secutez, eux dont le monde n'estoit pas di-*
,, *gne ; errans dans les deserts & dans les*
,, *montagnes, & se retirant dans les antres &*
,, *dans les cavernes de la terre.*

,, Nous n'avons donc, Seigneur, qu'à
,, recon

,, reconnoistre vostre bonté , qui avez la
,, condescendance de traiter en foibles , ceux
,, que vous connoissez n'avoir pas encore
,, beaucoup de force. Vous accomplissez en
,, leur faveur les promesses de vostre Evan-
,, gile , & vous leur faites trouver en la pla-
,, ce de ce qu'ils ont pu quitter pour l'amour
,, de vous , des Peres , des Meres , des
,, Freres , des Sœurs , à qui vous inspirez
,, une charité si tendre envers ceux qu'ils
,, regardent comme souffrant quelque cho-
,, se pour la verité , & une si grande appli-
,, cation à suppléer à tous leurs besoins ,
,, que par une bonté toute singuliere vous
,, changez les Croix mesmes que vous leur
,, imposez , en douceurs & en consolations.
,, Mais ils esperent de vostre misericorde ,
,, que si vous les preparez à de plus rudes
,, épreuves , vous leur donnerez aussi plus
,, de graces & une plus grande abondance de
,, vostre esprit , pour les leur faire supporter
,, en vrais Chrestiens. C'est l'unique fonde-
,, ment de leur confiance. Car ils sçavent
,, assez que nous ne pouvons rien sans vous :
,, & que quelque persuadé que l'on soit des
,, veritez que vous nous faites connoistre ,
,, on ne les pratique que quand vous nous
,, les faites passer de l'esprit dans le cœur ,
,, & que vous accomplissez ce qu'a dit un
,, de vos Saints , Que c'est vous seul qui
,, appli-

,,appliquez la volonté à la bonne œuvre, &
,,qui en applaniſſez les difficultez pour la
,,rendre facile à la volonté : *Qui & volun-*
,,*tatem applicas operi, & opus explicas vo-*
,,*luntati.* Je ſuis donc preſt, Mon Dieu,
,,de vous ſuivre par tout où il vous plaira
,,de me mener, & quand je marcherois par-
,,mi les ombres de la mort, je ne craindray
,,rien, tant que vous me tiendrez par la main.
,,C'eſt dans cette eſperance que je me repoſe-
,,ray. Et j'attendray ſans impatience, qu'e-
,,ſtant fleſchi par les prieres de tant de bon-
,,nes ames, vous rendiez à voſtre Egliſe la
,,tranquilité dont elle ne ſçauroit jouïr, ſi
,,vous ne faites taire par l'autorité de vos
,,Miniſtres les vents impetueux des opi-
,,nions humaines, qui ſe veulent élever au-
,,deſſus des veritez de voſtre Evangile; &
,,que vous n'appaiſiez par voſtre parole les
,,tempeſtes qu'excitent les hommes char-
,,nels, quand on les trouble dans la poſ-
,,ſeſſion où ils penſent eſtre, de vivre en
,,payens, & de n'en attendre pas moins les
,,recompenſes de l'autre vie, que vous n'a-
,,vez promiſes qu'aux vrais Chreſtiens.

IL FAUT, Monſieur, en demeurer là. Je
croy qu'en voila plus qu'il n'en faut pour
juſtifier M. Arnauld dans l'eſprit de celuy
pour qui j'ay dreſſé ce Memoire. Quand
je l'ay commencé j'avois envie de rire de la

O

que-

queſtion qui ſe faiſoit touchant la foy de ce
Docteur. Mais apres avoir repaſſé ſur toutes les choſes que j'ay eſté obligé de vous dire, je finis touché d'une vraie douleur, de
voir la calomnie s'acharner ſi cruellement
ſur un homme qui meritoit un meilleur ſort.
Il n'eſt pas ſeul, & je voy que ce qu'il y a
d'Eccleſiaſtiques, ou meſme de Seculiers
plus fideles à leurs devoirs & plus attachez
à la verité & à la juſtice, ſont expoſez à cette meſme calomnie du pretendu Janſeniſme. Elle eſt ſi repandue que notre ville eſt
remplie de gens qui ne font nulle conſcience de taxer les plus hommes de bien d'eſtre
infectez, comme ils parlent, de cette hereſie.
Ces calomnies s'avalent comme l'eau : &
quoi qu'accuſer un Catholique d'hereſie,
ce ſoit comme lui plonger le poignard dans le
cœur, des Pretres & des Religieux les croient
ſans preuves, & les repandent ſans ſcrupule :
& avec une habitude ſi criminelle & une
conſcience chargée d'une diffamation con-
tinuelle de leur prochain dans la matiere la
plus importante, ils ne laiſſent pas d'aller
tous les jours à l'autel y offrir & y recevoir
le Corps & le Sang de JESUS-CHRIST. Et
l'on voit communier auſſi ſouvent & avec
autant de confiance des devots & des dévo-
tes, qui ſont egalement ſujets & habituez
aux meſmes calomnies. Ce qui eſt deplora-
ble,

ble, est que ceux qui devroient leur faire
scrupule d'une chose si criminelle, leur en
font un merite, & les y portent par leur
exemple & par leurs instructions. Je ne puis
m'empêcher de leur appliquer ces paroles
d'un Prophete : *Les peuples de la terre se*
laissoient emporter à la passion de calomnier,
& ils opprimoient l'etranger par la calomnie,
sans aucun sujet. J'ay peur que Dieu ne nous
fasse le mesme reproche à l'egard de l'Illustre
estranger, dont je vous ay entretenu, & envers qui beaucoup de gens ont violé en
mesme tems, autant qu'ils l'ont pu, & l'ho-
spitalité & la verité & la justice. Ce qui me
console, & me fait esperer que Dieu ne
nous l'imputera pas, c'est que ni le Prince,
ni ceux qui ont son autorité, n'y ont pris
aucune part. Nous n'avons pas besoin d'irriter Dieu par de nouveaux pechez, ni d'exciter contre nous sa colere, qui ne paroist
que trop par les fleaux dont il nous afflige.
Il faut plûtost nous efforcer de l'appaiser en
nous opposant de toutes nos forces à la calomnie & aux calomniateurs. Permettez-
moy, Monsieur, de vous adresser pour cela, à vous & à Messieurs vos Collegues, ces
paroles que Dieu dit par la bouche d'un
Prophete à ceux qui doivent emploier leur
autorité en faveur de l'innocence : *Rendez*
promtement la justice, & arrachez d'entre

Ezech.
22. 29.

O 2　　　　　*les*

les mains des calomniateurs celuy qui eſt. op-
primé par leur violence ; de peur que mon in-
dignation ne s'allume comme un feu, & qu'el-
le ne s'embraſe de telle ſorte que perſonne ne
la puiſſe eteindre. C'eſt Dieu qui parle ; il
faut me taire. Je le fais, Monſieur, aprés
vous avoir aſſuré, que je ſuis &c.

P. S.

Comme une des choſes que les ennemis
de M. Arnauld font plus valoir pour le décrier comme un homme, ſinon heretique,
au moins fort dangereux par ſes caballes, eſt
de publier par tout qu'il eſt rebelle à ſon
Roy, & qu'il a eſté chaſſé de France comme un brouillon ; j'ay cru, Monſieur, devoir joindre à mon Memoire deux Lettres
que ce Docteur ecrivit auſſi-toſt aprés ſa
derniere retraite, pour faire connoitre à deux
Perſonnes qui pouvoient en rendre compte
à S. M. les motifs qu'il avoit eus de diſpa-
roitre aux yeux du monde. Vous y verrez,
Monſieur, d'une part, que dés lors il n'eſtoit
plus queſtion ni d'erreur, ni de nouveautez
à ſon egard, & que l'on ne ſongeoit pas ſeulement à l'en accuſer ; toutes les calomnies
eſtant reduites à des cabales chimeriques de
l'invention des Jeſuites : & de l'autre, que jamais retraite ne fut plus volontaire que la
ſienne, en la conſiderant en elle-même, & non
dans les calomnies qui en furent l'occaſion,

&

& qui le forcerent en quelque façon à prendre ce parti pour le bien de la paix, à laquelle il voulut bien sacrifier ce qu'il avoit
de plus doux & de plus cher au milieu de sa
patrie.

LETTRE

DE M. ARNAULD DOCTEUR

DE SORBONNE

SUR SA RETRAITE

A MONSEIGNEUR

L'ARCHEVESQUE DE PARIS.

MONSEIGNEUR,

Quand mon devoir & mon inclination
ne me porteroient pas à vous rendre compte
de ma conduite comme à mon Archevêque,
les bruits que j'apprens que l'on fait courir
de ma retraite, m'y obligeroient dans cette
rencontre ; parce qu'il n'y a personne qui
soit mieux informé que vous des diverses
choses qui m'en ont donné la pensée , &
que j'ay lieu d'esperer que vous aurez la
bonté de representer à Sa M. combien les

O 3

raisons

raisons qui m'ont fait prendre cette resolution, sont éloignées de celles qu'on m'attribue. Je ne doute pas, Monseigneur, que
vous ne luy ayez fait sçavoir, qu'aussi-tost
que j'eus appris que S. M. trouvoit à propos que je ne demeurasse plus au Fauxbourg
Saint Jaques, je me suis mis en devoir de luy
donner sans retardement des preuves de mon
obeïssance. Mais comparant ce desir de S.M.
avec l'ordre qu'elle avoit déja daigné de me
faire donner, de ne pas souffrir qu'on tint
d'assemblées chez moy, j'ay bien vû que ce
ne pouvoit estre que pour cela qu'Elle sou-
haitoit que je changeasse de logis; & c'est ce
qui m'a jetté dans une plus grande inquie-
tude. Car estant assuré qu'il ne s'estoit point
tenu chez moy d'assemblées, & qu'ainsi la
pensée que le Roy a eue n'a pû venir que
de ce que ceux qui me persecutent depuis
prés de quarante ans, luy ont fait passer pour
des assemblées qui luy devoient estre suspectes, la visite de mes parens, de mes
amis, & de ceux qui me venoient consul-
ter, ou sur des difficultez de conscience, ou
dans la pensée de se convertir à la Religion
Catholique, ou quelquefois sur des matieres de science; je n'ay pû voir à quoy ce
changement de demeure me pourroit servir
pour ôter à mes ennemis l'occasion de me
calomnier auprés de S. M. & de changer

leurs

leurs anciens reproches en cette nouvelle accusation de cabale, à quoy vous avez eu la bonté de me faire entendre que se reduisoit maintenant ce que l'on disoit contre moy. C'est une obligation, Monseigneur, que je vous ay, & dont je seray toûjours re-connoissant. Vous avez bien voulu me faire sçavoir, que si vous avez fait souffrir par l'ordre du Roy à des personnes qui m'e-stoient si étroitement unies, un traitement assez rude, ce n'estoit pas à cause de ma do-ctrine, dont le Roy ne se rendoit point le juge; mais que ce qui avoit déplû à S. M. est qu'il paroissoit dans ma conduite un air de cabale, qui luy donnoit de justes soupçons contre le party dont on me regardoit com-me un des principaux Chefs; que ma mai-son ne se desemplissoit point de monde; que s'il y avoit quelques Ecclesiastiques mécon-tens dans les Provinces, ils s'adressoient à moy, comme on l'avoit reconnu par des lettres interceptées; qu'on estoit informé de tout ce qui se faisoit chez moy, des person-nes qui y venoient, des discours qui s'y te-noient par des gens que je croyois estre de mes amis; & qu'il ne s'y passoit rien dont le Roy ne fût averti. Je vous rens graces, Monseigneur, de m'avoir fait donner ces avis. Mais plus j'y fais reflexion, plus je connois qu'en quelque lieu de Paris que je

de-

demeure, on aura toûjours le même pretexte de me rendre ce mauvais office auprés de S. M. Car vous jugez bien , Monseigneur , que pour loger en un autre quartier que le Fauxbourg Saint Jaques , cela n'empéchera pas que les mêmes personnes ne m'y viennent voir , & que des Ecclesiastiques de Provinces ne m'écrivent, s'il leur en prend fantaisie. On aura donc toûjours la même couleur de rendre ma conduite suspecte à S. M. en luy faisant croire que je continue toûjours à tenir des assemblées préjudiciables à son service, en supposant que je suis trahi par des gens à qui je me confie & qui revelent mes secrets, & en prenant occasion de la premiere lettre interceptée, que je n'auray seulement pas vûe, de l'entretenir dans l'opinion qu'on luy a donnée, que je me mêle de tout. Je ne me mettrois pas beaucoup en peine de tout cela, & je me tiendrois en repos sur le témoignage de ma conscience contre toutes ces calomnies, si je ne croyois qu'il est de la veneration que je dois avoir pour un aussi grand Prince qu'est celuy sous lequel Dieu m'a fait naître, de n'estre pas indifferent au regard de la bonne ou mauvaise opinion qu'on luy peut donner de moy. Mais n'ayant jamais eu , graces à Dieu, ni moy, ni tous ceux de ma famille, qu'un zele ardent & une inviolable fidelité pour le

ser-

service du Roy, il me doit assurément estre
bien sensible que des médisances si mal fondées me fassent passer dans son esprit pour
un homme d'intrigues & de cabales, sur qui
on doit veiller, pour prevenir les maux que
je pourrois faire à l'Etat. Et c'est ce qui m'o-
blige (toutes les voyes que je pourrois
avoir d'éclaircir S. M. m'estant fermées)
d'ôter au moins à mes ennemis ce que j'apprens, Monseigneur, avoir esté le pretexte
de me noircir auprés d'Elle. Ils n'en auront
plus, quand on ne me viendra plus voir, &
qu'on ne me pourra plus écrire des Provin-
cees; & je n'ay point trouvé d'autre moien
sûr d'empêcher l'un & l'autre, que de me
souftraire à la connoissance du public en me
remettant au même estat où je me suis vû reduit pendant vingt-quatre ans par la Providence de Dieu. On n'aura plus lieu alors de
rendre compte à S. M. de ce qui se passe en
mon logis, pour me faire dire ce que je n'ay
jamais pensé, ni de changer les visites les
plus innocentes en des assemblées criminelles. Je feray comme si je n'estois plus, au regard de ceux qui ne pensent qu'à envenimer
tout ce qu'ils sçavent, ou ce qu'ils se van-
tent faussement de sçavoir de moy. Je tâ-
cheray de faire auprés de Dieu avec plus de
loisir & plus de repos, ce que ma mauvaise
fortune m'empêche de faire auprés du Roy.

Je

Je le prieray de prendre en main la protection de mon innocence ;   & j'espere que
comme il tient entre ses mains le cœur des
Rois , il tournera quelque jour en ma faveur celuy de S. M. en luy faisant connoître
avec combien de malice & d'aveuglement
on luy a donné de moy des impressions si
éloignées de toute apparence. Car vous
avouerez sans doute , Monseigneur , que
rien n'est plus surprenant que le tour que
mes ennemis prennent maintenant pour me
noircir dans l'esprit du Roy. Ils n'ont jamais
eu rien que de faux à m'imputer ; mais leurs
anciennes accusations , toutes fausses qu'elles estoient , avoient au moins plus de vray-
semblance : il s'agissoit des veritez de la Penitence & de la Grace , sur laquelle il est facile d'imposer à ceux qui ne sont pas Theologiens. L'évenement a fait voir qu'ils
avoient tort , & que leurs emportemens sur
ces matieres estoient tres-mal fondez : & c'est
ce qui les leur fait abandonner maintenant.
Mais n'ayant point changé l'envie qu'ils ont
de me perdre ; dans l'apprehension qu'ils ont
eue que leurs calomnies sur des sujets ecclesiastiques estant portées à Rome , où ils s'e-
stoient toûjours adressez pour m'accabler
pendant tout le tems des troubles de l'Eglise
de France , elles n'y fussent pas bien reçûes ;
ils se sont jettez sur la politique , & se sont
reduits

reduits à me faire passer auprés du Roy pour un de ces gens de cabale dont on a droit de se défier, comme pouvant exciter quelque brouillerie dans un Etat. C'est assurément ce qu'ils n'auroient osé entreprendre, si j'avois le bonheur d'estre plus connu de S. M. parce qu'Elle découvriroit sans peine qu'on n'a jamais fait un reproche plus incroiable que celuy qu'on s'avise de substituer à tant d'autres qu'on n'a plus la hardiesse de soûtenir. Car un assez grand nombre de gens d'honneur dont je suis connu, peuvent estre autant de témoins irreprochables qui asureront S. M. que je suis également incapable, & de réüssir dans un dessein de cabale, quand j'aurois la volonté de l'entreprendre, & d'en avoir la volonté, quand j'y pourrois réüssir; que je ne sçay qu'aller droit où mon devoir m'appelle, sans déguisement & sans artifice; qu'on ne peut estre guéres moins remué que je le suis par les deux grands ressorts des cabales, qui sont l'interest & l'ambition; & si j'ay quelque fermeté pour ne pas trahir ma conscience en manquant de rendre à la verité le témoignage que je luy dois, je n'en ay pas moins pour ne pas manquer à ce que les principes de la Religion, aussi bien que les devoirs de la naissance, obligent un sujet de rendre à son Prince. Cependant il faut que les intrigues

de

de mes ennemis ayent esté bien artificieuses
& bien envenimées, s'ils sont venus à bout
de la chose du monde la plus incroiable & la
plus hors d'apparence. Car qui peut s'imaginer que l'apprehension des pretendues cabales d'un simple Theologien, sans biens, &
sans appuy, & que vingt-quatre ans d'une
vie cachée doivent avoir rendu fort mal propre à cabaler dans un Etat, ait pû occuper
un seul moment une aussi grande Ame que
celle du Roy, qui n'a pas craint toute l'Europe conjurée pour arrester ses conquestes,
& qui ne les a bornées que par une paix glorieuse dont il a prescrit luy-même toutes les
conditions & toutes les loix. Mais il y a lieu
d'esperer que les craintes des troubles, que
je pourrois causer par mes intrigues, se dis-
siperont, quand on n'aura plus lieu de
les entretenir en faisant des contes de moy
qui y donnent de nouvelles couleurs. On
n'aura plus moien de faire apprehender ni ces
assemblées, ni ces recours qu'on veut
qu'ayent à moy tous les mécontens des Provinces, quand je seray inconnu au monde.
S. M. reconnoitra que je suis bien éloigné
d'avoir les pensées d'intrigue & de remue-
ment qu'on m'attribue. Et comme rien ne
l'empêchera plus de suivre les mouvemens
naturels de son équité & de sa justice, il y
a lieu

a lieu de s'attendre qu'il changera par de nouveaux ordres plus conformes à sa bonté, *Port-*
ceux qui ont mis une Maison sainte dans la *Royal*
derniere désolation. On espere , Monsei- *des*
gneur, que vous y contribuerez de voftre *Champs.*
part tout ce qui vous sera possible ; puis que
vous avez assez voulu faire entendre que
ce n'a esté qu'à regret que vous avez executé les premiers. Pour moy je m'estimeray
trop heureux, si je puis croire avoir donné
quelque occasion à cet heureux changement, en me dérobant à la vûe des hommes
pour n'estre plus exposé à des médisances qui
ont eu des effets si déplorables ; & en sacri-
fiant au renouvellement du calme & de la
paix de l'Eglise la plus douce consolation
qu'on puisse avoir dans ce monde, qui est
de vivre avec ses amis & de mourir entre
leurs bras. Je ne sçaurois croire, Monseigneur, que vous n'approuviez cette resolution ; mais je vous seray infiniment obligé,
si vous voulez bien faire entendre à S. M.
les raisons qui me l'ont fait prendre, & la
confiance que j'ay qu'Elle la regardera comme une des plus grandes marques que je luy
pouvois donner de mon respect & de mon
obeissance : puisque je ne pouvois executer
plus fidélement que par ce moyen ce qu'elle a témoigné desirer, que je vecûsse sans

bruit

bruit & sans attirer trop de monde dans ma maison. Je suis avec un profond respect,

MONSEIGNEUR,

Voftre tres-humble & tres-obeiffant ferviteur,

En 1679.

A. ARNAULD.

LETTRE
DU MESME DOCTEUR
A MONSEIGNEUR
LE TELLIER
CHANCELIER DE FRANCE.

MONSEIGNEUR,

Eftant fi peu confiderable dans le monde, & n'y tenant aucun rang qui puiffe attirer les yeux fur moy, j'aurois regardé comme une vanité ridicule de m'imaginer que l'attention à ce que je fais pût détourner un feul moment le plus grand Prince de la terre de ces foins importans qui doivent faire le repos & la felicité de tant de peuples. Mais

ce

ce qui auroit femblé me devoir eftre un fujet
de vanité, me l'a efté d'une douleur tres-
fenfible, quand j'ay appris depuis quelque
tems que la malignité de mes ennemis avoit
trouvé un moyen bien defavantageux pour
moy, d'engager S. M. à jetter fes regards
fur une perfonne qui le meritoit fi peu en
toute maniere. Car ç'a efté, Monfeigneur,
en me reprefentant à un Prince fi vigilant & fi
appliqué à prevenir tout ce qui peut caufer
quelques troubles dans fon Etat, comme un
homme d'intrigues & de cabales, qui a des
liaifons & des correfpondances par tout, qui
fe méle de tout, à qui s'adreffent tous les
mécontens des Provinces, & qui tient chez
luy des affemblées dont les fuites font à
craindre. Je n'aurois jamais crû, Monfeigneur, que le Roy dût s'occuper de moy;
mais j'aurois encore moins crû pouvoir eftre
affez malheureux pour luy eftre repre-
fenté fous une figure fi hideufe, que j'ofe
dire eftre telle qu'on n'en pouvoit choifir
une qui me reffemblât moins, & dont tous
les traits fûffent plus contraires au bien &
au mal qui peut eftre en moy. Car comme
tous ceux qui me connoiffent rendront témoignage, que je ne fuis pas affez méchant
pour avoir de tels deffeins; ils fçavent auffi,
ce que je n'ay pas honte de reconnoître, que
je n'ay pas affez d'efprit & d'habilité pour

les

les executer, si j'estois assez abandonné de
Dieu pour les avoir. Cependant, Monseigneur, on ne peut douter, aprés ce qu'en a
dit Monseigneur l'Archevêque de Paris, &
ce qu'il a bien voulu me faire sçavoir, que
ce ne soit là l'impression qu'on a donnée de
moy à S. M. Il a témoigné qu'il ne s'agissoit point ici de ma foy ni de ma doctrine,
& qu'il n'avoit fait qu'executer les ordres
du Roy, qui n'avoit en vûe que d'assurer le repos de son Etat, & d'arrester les cabales qui le pourroient troubler. C'est à
quoy se rapporte aussi ce que S. M. me fit
dire par Monsieur de Pompone, que je ne
souffrisse point qu'on tint des assemblées
chez moy ; & ce qu'on a appris de Monseigneur de Paris, qu'il y avoit ordre d'in-
tercepter les Lettres que j'écrivois & qu'on
m'écrivoit : jusques là qu'une de mes paren-
tes estant fort malade , & ayant desiré que
je demeurasse auprés d'elle pour luy parler
de Dieu & la disposer à bien mourir; parce
que quelques personnes qui avoient à faire
à moy m'y estoient venu trouver, on a sçû
qu'on en avoit rendu compte à S. M. &
qu'on luy avoit fait passer ces visites pour
une continuation de ces assemblées qu'elle
ne veut point souffrir. Je ne doute pas,
Monseigneur, qu'ayant tant de justice &
tant de bonté, vous ne me plaigniez d'estre

tom-

tombé, par des médisances si peu vraisem-
blables, dans une disgrace que je n'ay point
meritée, & à laquelle je ne sçay point de re-
mede humain. Car quelque persuadé que je
sois, que ce seroit manquer à ce que je dois
à S. M. que de souffrir sans douleur qu'on
m'ait noirci dans son esprit d'une si étrange
maniere, & qu'il n'y ait rien que je ne vou-
lûsse faire pour me laver d'une tache si honteuse, en l'éclaircissant de la pureté de mes
sentimens & de l'ardeur de mon zele, je me
trouve reduit à n'avoir aucun moyen de le
faire, tant mes ennemis ont tâché de m'en
fermer toutes les voyes, jusques à porter
S. M. à me faire un crime à moy seul de ce
qu'Elle a jugé estre de sa gloire de permettre
au moindre de ses sujets. Vous le sçavez,
Monseigneur, & M. l'Archev. de Paris l'a
confirmé de nouveau, ayant eu la bonté de
me faire dire, que ce qu'on avoit sçû d'une
Requeste que je voulois presenter au Roy,
m'auroit attiré de fort mauvaises affaires,
s'il n'en avoit détourné le coup. Ne pouvant donc travailler à ma justification en la
maniere que je le souhaiterois, je me trouve
obligé d'ôter au moins en tout ce qui depen-
dra de moy, ce qui peut servir de matiere
à la calomnie. Et ainsi comme elle n'est fondée que sur des commerces innocens, que
l'on fait passer pour criminels, sur des vi-

P

sites

sites que l'on me rend, & sur des Lettres
que l'on m'écrit, je me suis persuadé que
Dieu demandoit de moy, que je me redui-
sisse au même estat où j'ay esté durant tant
de tems ; afin qu'estant comme les morts
qu'on oublie, & que tant de gens que je ne
puis empêcher de s'adresser à moy, pendant
que je parois en public, ne pouvant plus ni
me visiter ni m'écrire, l'on ne puisse plus aussi
fonder comme l'on a fait jusques ici des accusations de cabales sur des visites qu'on me
rendroit, & sur des Lettres qu'on m'écri-
roit. Je ne croy pas, Monseigneur, qu'il
y ait personne qui n'approuve cette resolution, & qui ne la regarde comme une des plus
grandes marques de la passion que j'ay de ne
rien faire qui puisse déplaire au Roy ; ou
qui au moins n'avoue qu'on peut appliquer
ici cette parole d'un Ancien : *Latere liceat ;
nulla libertas minor à Rege petitur.* Ce n'est pas
que je n'aye bien prévû que l'estat où je me
reduis pour autant de tems qu'il plaira à
Dieu, peut estre nuisible à un homme de
mon âge ; qu'on s'y trouve privé de beaucoup de secours & d'assistances, dont la vieil-
lesse pourroit avoir besoin, & que la nature
a de la peine à se soûtenir, n'estant plus appuyée sur la plus grande douceur qu'on ait
en ce monde, qui est la compagnie de ses
amis. Mais Dieu tient lieu de tout à qui sa-
crifie

crifie tout pour luy : & je croy faire pour
Dieu ce que je fais pour ôter au Roy l'in-
quietude qu'on luy donne de mes préten-
dues cabales, & pour luy fournir par là quelque occafion de remettre les chofes dans le
calme, qui n'a pû eftre troublé que par ces langues trompeufes dont le Prophete Roi demande à Dieu d'eftre délivré. C'eft, Monfeigneur, ce que j'ai crû que vous ne trou-
veriez pas mauvais que je priffe la liberté de
vous écrire, ne l'ofant faire à S. M. même.
Je fuis fi mauvais courtifan & fi mal habile
pour traiter avec le grand monde, quelque
dangereux cabalifte qu'on me faffe, que je
ne fçay pas même quelle priere je vous dois
faire fur cela, ni s'il eft à propos que je vous
en faffe aucune. J'ay defiré feulement que
vous foiez perfuadé de mon innocence ; voftre zele pour la juftice fera le refte felon les
vûes que luy donnera cette fageffe confom-
mée qui en regle toutes les démarches : &
quoi qu'il en arrive, je ferai toûjours avec
un profond refpect

MONSEIGNEUR.

Voftre tres-humble & tres-
obeiffant ferviteur,

En 1679.   A. ARNAULD.

Decret du Conventicule des six Reguliers de Liege, dont il est parlé aux pages 4.138.& 196.

NOS infrascripti Superiores Conventuales Regularium in Civitate Leodiensi, certiorati de Conventiculis quæ habentur apud certum Arnoldum doctrinam suspectam spargentem, censemus D. Vicarium Charitativè certiorandum, ut similia Conventicula dissipare, & prohibere non dedignetur etiam cum dicto Arnoldo conversationes. Datum in Conventu Minorum, hâc 25. Augusti 1690. Ad quem effectum commisimus R. P. M. Ludovicum Lamet Priorem Dominicanorum ad nomine nostro accedendum D. Vicarium, & exponendum intentionem nostram.' Sic signatum : *F. Engelbertus Stenbier Guardianus Recollectorum. F. Joannes-Baptista De Fize Guardianus Minorum Conventualium. Franciscus Boufu Supprior Vicarius Augustinianorum. Robertus D'Assigny Rector Collegii Leodiensis Societatis Jesu. F. Valerius à S. Hieronymo Vicarius Carmelitarum Discalceatorum. F. Ludovicus Lamet FF. Prædicatorum Prior.*

TABLE
DE LA QUESTION CURIEUSE
TOUCHANT M. ARNAULD.

Apo-

QUA-

TABLE,

QUATRIE'ME AGE.

TABLE.

FAUTE A CORRIGER.

Pag. 188. l. 8. au moins probable; lisez plus recevable.

www.ingramcontent.com/pod-product-compliance
Lightning Source LLC
LaVergne TN
LVHW021435170726
843501LV00005B/1344